普通高等学校规划教材

Daxuesheng Anquan Zhishi Jiaoyu

大学生安全知识教育

周德贵　主编

内容提要

本书以高校安全管理工作实践、学生安全教育工作实践为基础编写。全书共12章,围绕大学生安全教育的实用知识,将学术性和应用性有机结合。前6章重点介绍当今社会背景下,国家安全和传统意义上的安全防范知识。后6章重点介绍“互联网+”时代下的安全防范、生命的意义与安全以及对自然灾害的应对。

本书既可以作为高校进行安全教育的教材,也可以作为大学生教育中从事安全教育的教师、学生工作干部、安全管理干部的参考用书。

图书在版编目(CIP)数据

大学生安全知识教育 / 周德贵主编. —北京 : 人民交通出版社股份有限公司, 2016. 7

ISBN 978-7-114-13257-5

Ⅰ. ①大… Ⅱ. ①周… Ⅲ. ①大学生-安全教育-高等学校-教材 Ⅳ. ①G645.5

中国版本图书馆 CIP 数据核字(2016)第 185654 号

书　　名: 大学生安全知识教育
著 作 者: 周德贵
责任编辑: 刘永芬
出版发行: 人民交通出版社股份有限公司
地　　址: (100011)北京市朝阳区安定门外外馆斜街3号
网　　址: http://www.ccpress.com.cn
销售电话: (010)59757973
总 经 销: 人民交通出版社股份有限公司发行部
经　　销: 各地新华书店
印　　刷: 北京鑫正大印刷有限公司
开　　本: 880×1230　1/32
印　　张: 6. 5
字　　数: 161千
版　　次: 2016年7月　第1版
印　　次: 2018年2月　第2次印刷
印　　数: 6001-9000册
书　　号: ISBN 978-7-114-13257-5
定　　价: 18.00元
(有印刷、装订质量问题的图书由本公司负责调换)

《大学生安全知识教育》编委会

主　编：周德贵

副主编：薛　勇　孙渝莉　魏　巍

成　员：白　凯　黄警秋　宋　鹄

苗国厚　王琬琼　林丽平

李　嫄

前　言

大学生安全教育是当今高校教育工作的重要组成部分，推进安全教育进课堂、进教材、进头脑，使大学生接受正规的、系统的安全教育和培训，有利于解决大学生安全防范知识、法律知识欠缺等问题，有利于大学生在面临危险时，有更多的方法和知识来应对和处置，减少和避免不必要的经济损失和人身伤害。

大学生是祖国未来发展和建设的希望。高校的安全教育工作是否到位，直接关系到高校学生能否健康成长，关系到高校是否可以健康有序地发展，关系到社会的稳定和进步。因此，加强学校安全教育，是大学生全面健康发展的重要前提，是高校教学事业顺利开展的保证，是学校教育工作的一项重要内容。

加强大学生的安全教育，增强大学生的安全意识和自救自护能力，是坚持以人为本、关心爱护学生的重要体现，是加强学校安全稳定工作的重要基础，也是推进“平安校园”建设的重要措施。

编辑这本安全教育知识读本，旨在增强大学生从讲政治，保稳定的高度，充分认识学校安全工作的重要性和必要性，增强大学生的安全教育责任感和使命感，为大学生的安全教育工作提供丰富的教育内容和多样的教育途径。希望广大大学生通过本书，认真学习学生安全教育相关知识，为自己未来幸福和健康发展撑起一片蓝天。

作　者

2016 年 5 月

目　录

第一章 安全教育概述

俗话说,“安全大如天,万事排最先”。这不仅是一个形式上的口号,更体现出观念上的高度重视,以邓小平、胡锦涛、习近平等同志为核心的党的历届中央领导集体对高校安全观的倡导均有过相关论述。

邓小平同志特别重视高校的发展,他曾说:“中国的问题,压倒一切的是稳定,没有稳定的环境,什么都搞不成,已经取得的成果也会失掉。”高等学校是人才聚集的地方,是各种情报信息的聚集区,处于政治斗争的前沿阵地,历来是境内外敌对势力渗透和破坏的重点,高校的稳定不仅关系到学校的教学、科研及各项工作的开展,关系到国家人才的培养和教育事业的发展,而且关系到国家大局的稳定,高校安全必须给予高度重视。

以胡锦涛为核心的党中央对于校园安全也曾给予高度重视。胡锦涛多次提出:“要高度重视和切实抓好学生安全工作。”温家宝总理也在一次媒体采访中指出:“我想一个和谐、安全的环境,应该给每一个人。”

习近平总书记对安全的理解给出新的内涵。在中央国家安全委员会第一次会议上,习近平总书记强调新的安全要既重视外部安全,又重视内部安全,坚持以民为本、以人为本,坚持国家安全要一切为了人民、一切依靠人民,真正夯实国家安全的群众基础;要既重视传统安全,又要重视非传统安全,构建集政治安全、国土安全、军事安全、经济安全、文化安全、社会安全、科技安全、信息安全、生态安全、资源安全、核安全等于一体的安全体系;既要重视发展问题,又要重视安全问题,发展是安全的基础,安全是发展的条件。习近平总书记在中共中央政治局第十四次集体学习时强调:

维护国家安全和社会安定对全面深化改革,实现"两个一百年"奋斗目标、实现中华民族伟大复兴的中国梦都十分重要。各地区各部门要各司其职、各负其责,密切配合、通力合作,勇于负责、敢于担当,形成维护国家安全和社会安定的强大合力。安全是一个全社会共同的话题,高校是社会的重要组成部分,当然对于自身的安全构建有重大责任。

安全观不仅体现在口头倡导,更体现在价值观理念的引领。在以人为本的价值观的引导下,高校安全体系是以人为本的高等教育科学发展观的价值内涵。坚持以人为本,就是要以科学发展观为统领,要把人的全面健康发展作为根本的出发点和落脚点;让每个人的创造力和价值得到充分体现,就是要充分体现人文关怀,真正地关心人、尊重人,坚持以学生为本、以大学生为本,坚持师生利益高于一切,一切为了师生的全面发展,努力营造一种安全的环境。

高校安全观教育体系是全面建设和谐社会的必然要求。高校安全教育体系与建设和谐社会,两者相辅相成、缺一不可。和谐社会与高校"大安全"是整体和部分的关系,整体离不开部分,部分存在于整体之中,二者相互影响。高校安全教育是社会和谐的重要组成部分,不仅为培养社会主义合格建设者和可靠接班人提供强大的支持,而且对和谐社会建设具有引领、示范和推动作用,成为建设和谐社会的重要基地、示范区和辐射源。同时,和谐社会的构建为高校"大安全"的构建提供了持续的动力和良好的外部环境。只有安全校园,才能开展和谐教学,才能培养造就社会需要的各种和谐发展的人,即为社会主义和谐社会的发展提供智力支持和就业技术支撑,进而促进整个社会的和谐发展。社会的和谐、有序、健康发展,教育的和谐、有序、健康发展,与人的和谐、有序、健康、发展是一个不可分割的统一整体。构建安全教育引领下的"大安全"高校,实施和谐有序教育,既是建设和谐社会的主要目标之一,也是实现和谐社会的重要手段,必然会对和谐社会的建设发展产生积极的推动作用。

一、大学生安全教育的必要性

从现实状况来看，高校的“大安全”依然面临严峻的形势，表现在以下几个方面：

1.高校方面

高校安全问题是一个“老生常谈”的话题，但是近年来，高校中发生的“惨案”依然屡见不鲜。究其原因，一方面是高校学生安全意识和教育相脱节，安全观念没有深入人心。一些高校只是注重学生的应试教育和就业效果，把安全工作摆在了次要的地位。认为学生的主要任务就是学习，评优以课程成绩为主，过四、六级是硬性要求，考研找工作成了高校学生的奋斗目标。这种教育机制下学生完全忽视了安全观教育的重要性。另一方面是学校对其重视程度不够，各种监管和机构设置不到位。“三无”的现象继续存在。无专门机构开展安全教育，无专门的师资，无专门的课程和教材。这些无疑会使高校安全教育在理论和实践上成为空中楼阁，使得高校不能积极有效地应对突发事件。

2.境内外敌对势力的渗透、颠覆和破坏活动不断

当今时代，虽说冷战结束，两极分化解体，但西方一些反华势力的冷战思维仍然阴魂不散，他们出于各种目的的考虑，根本不愿意看到一个强大、统一的社会主义中国存在并日益发展。境内外敌对势力相互勾结，进行一些渗透、颠覆和破坏活动，对我国的社会稳定造成极为不利的影响，这一影响也成为高校不安全潜在因素之一。一部分高校学生由于思想单纯，缺乏判断力，对西方世界盲目轻信，很容易成为敌对势力的利用对象。

3.民族分裂势力的破坏

中国自古以来就是一个多民族国家，各民族之间形成一种平等互助的关系。自中华人民共和国成立以来，根据各少数民族大散居、小聚居的特殊情况，国家制定了民族区域自治的民族政策，各族人民获得了前所未有的民主权利。但一些少数民族分裂分子肆意诋毁民族区域自治的政策，通过各种途径妄图分裂国家。不可否认，这些民族分裂势力的背后有一些境外敌对势力的支持和鼓动，殊不知他们自己实际上是在充当反华势力的马前卒，为国人所不齿。这些民族分裂势力的活动往往呈现出恐怖主义倾向，因而对社会和高校安全都存在巨大的威胁。

4.非法宗教势力的活动

随着社会的发展，人们的宗教信仰也更加多样化。我国实行宗教信仰自由的政策，保护人民群众的宗教信仰自由不受干扰。政府通过各种方式积极引导宗教与社会主义相适应，依法管理宗教事务，同时引导宗教活动服从和服务于国家的最高利益和民族的整体利益，努力挖掘和发扬宗教中的积极因素，为祖国统一、民族团结和社会发展贡献自己的力量，成为构建和谐社会的积极因素。但是，部分不法分子披着宗教的外衣进行一些非法活动，具有很大的迷惑性，特别是一些高校学生由于对宗教存在神秘感，很容易成为非法宗教势力利用和伤害的目标。

5.有害网络信息的负面影响

网络的普及是一把双刃剑，人们在充分享受到网络所带来的便捷的同时，不可避免地遭受着网络不良信息的侵害，比如暴力游戏、色情、邪教等，这些不良网站利用高校学生意志力不强和青春期的特点，通过一些具有强烈感官刺激的图片、视频等引诱高校学生追求不良的生活方式。少数学生上网成瘾，为满足上网需要，不仅花费大量时间损害自己的身体，甚至走上了抢劫、偷盗的犯罪道路。网络游戏的暴力倾向也反映在现实生活中，他们模仿游戏中的方式，通过暴力解决问题，甚至因为一点生活琐事将别人致死致伤，带来了不可估量的损失和伤害。

二、大学生安全教育的意义

（1）大学生安全教育视野下高校安全教育体系建设是实现整

个社会安全的有效途径。

在安全视野下,不仅能形成新型高校安全理念,在安全稳定的环境中培养造就高素质人才,为高校安全管理以及安全预警提供建设性意见,这是促进学校发展的内在要求和有效途径。而且针对目前较为严峻的公共安全形势，高校适时加强大学生公共安全观教育已是大势所趋,通过安全教育,可以激发大学生参与公共事务的热情，培养社会责任感和公德意识,从而带动整个国民公共道德水平和整体安全意识的稳步提高,这是构建和谐社会精神的具体体现。

一方面,高校是社会主义社会建设的重要组成部分,而高校的主体学生也将会走向社会,融入社会,参与社会的大循环,加入到市场经济这个新的大熔炉中。构建高校的校园“大安全”,不仅让即将步入社会的“新鲜血液”增强自身的安全防范意识,敢于和社会一些欺诈等不安全行为做斗争,保护自己和他人的合法权益,同时教育学生在未来的工作和生活中做到以诚待人,用正能量去感染周围的人,使自己在他人心中建立良好的形象。

另一方面,加强高校安全体系有利于增强校园每一个成员的大安全意识,即国家安全意识。目前,我国经济迅速发展,综合国力不断增强,加之国际地位不断提升淡化了国家安全意识,特别是高校学生,由于利益驱使,思想麻痹;甚至有些高校学生,在这种和平的大环境下放松了对国内外不法分子和敌对势力的警惕,泄露国家机密,给国家安全和经济等方面造成重大损失。总之,我们国家现在面临着前所未有的考验,严峻的国际国内形势要求高校的每一份子提高安全意识。特别是高校学生,作为祖国未来的建设者和接班人,更需要强化安全观念,时刻注意自身的安全意识培养,以正确的意识引导和教育身边的人,树立新的安全观,这是必要的也是紧迫的。

(2)大学生安全教育视野下高校安全教育体系建设是提高校园管理水平的需要。

随着改革开放的不断加深,校园逐渐开放。校园管理方式更加社会化,办学形式相对多样化,而学生结构也呈现复杂化等状况,这就造成校园治安形势不容乐观的局面。校园环境日趋社会化、复杂化,高校由原来单一的教学封闭型环境转为全方位、多功能,开放型的"小社会"。校园内不仅有教学区、生活区,还有相配套的生活设施,如超市、书店、医院、小餐馆等,这使得高校的不安全因素增多,类似于校园偷盗、抢劫诈骗等犯罪活动频发,直接影响高校的健康发展和安全稳定。一些高校合并办学,打破了原来院校独立办学的格局,不仅增加了校园的学生和教职工数量,还需要更大的校园面积,这就使校园中各校区相对分散,而相邻校区之间的车流增多,使得校园交通安全存在一定的隐患。再加上人流物流来往不便,有的院系学生每天要从 A 区到 B 区上课或去图书馆学习,使得学生的安全存在一定的隐患。

当前高校周边的治安形势依然严峻,侵害学校师生人身及财产安全的治安、刑事案件时有发生。据有关数据统计表明,高校内发生的治安、刑事案件或安全问题,大多数与学生有关,这些问题的发生,不仅会给学生自身和学生家庭造成伤害,而且也会直接影响到学校正常的教学、生活秩序,严重时将危及整个社会的稳定,带来的损失和消极影响不可估量。

(3)大学生安全教育视野下高校安全教育体系建设是提高高校学生自我保护能力的需要。

近年来,在人们耳边经常听到一些关于高校校内外发生学生意外事件,这些事件的发生原因各不相同,但是有一个不可否认的共同之处,就是大多数当事人对意外事故的发生没有任何的心理准备和自我保护意识,面对伤害不知所措。当前,高校学生的自我防范意识和自我保护能力主要存在以下几个方面的问题:

第一,缺乏社会经验。现在的高校学生大都是在父母和老师的呵护下长大,没有经受过什么挫折,思想比较单纯,对社会上的不良风气和坏人坏事缺乏理性的认识,没有自我管理贵重物品的经验,很容易发生一些财物被盗或上当受骗的事件。还有一部分学生在受到不法侵害时,不知道如何用正确有效的方法保护自己。

第二,缺乏安全防范意识。高校学生安全防范意识淡薄,对可能发生的各种安全问题缺乏必要的重视和警惕,忽视种种安全隐患。如宿舍未锁门,随意乱放贵重物品,违反学校宿舍安全规定,在宿舍随意拉电线,使用违章电器等。

第三,缺乏对社会消极因素的抵御能力。在社会转型期,各种思想随着市场经济进入中国,西方的一些资产阶级腐朽思想也随之而入。对于高校学生来说,他们价值观仍未成熟,又很容易被蛊惑和引诱,一些学生自觉或不自觉地受到侵蚀,例如一些拜金主义、享乐主义等。

对于高校学生而言,高校是人生的大课堂,是微缩的小社会,作为高校的构成主体,安全观教育与每一个高校学生息息相关。高校的安全效用不仅影响着学校,还影响着社会。而大学生安全教育视野下的高校安全教育体系,不仅要培养学生的安全意识,而且对学生的自我保护能力有重要意义。

(4)大学生安全教育视野下高校安全教育体系建设,是建设和谐校园,促进高校健康、有序、快速发展的需要。

第一,大学生安全教育视野下高校安全教育体系,有利于整合高校各种资源,协调不同利益群体之间的关系,形成全体高校教职工都能各尽其所,各得其所,使其发挥最大价值,为高校的可持续发展提供强大的动力和有力保障。

第二,大学生安全教育视野下高校安全教育体系,有利于维护校园和谐。维护校园稳定,保持安定团结的校园局面,是全体师生共同的愿望,是维持正常的教学秩序的重要保障,是做好各项工作的重要前提。只有校园安全了,才能使广大师生员工一心一意干事业,求发展。

第三,大学生安全教育视野下高校安全教育体系,有利于增加校园的创新能力。创新能力是学校的生命力,大安全教育有利于高校安全的构建,校园环境是增强学校创新能力的重要保障。只有在平安和谐的环境中,学生学的积极性、教师教的积极性、干部和职工工作的积极性才能得到充分调动,这是办好学校,促进学校可持续发展的必要条件。只有这样,学生的创造性才能得到尊重和保护,学生的个性特长才能得到承认和发挥,学校的创新能力才能不断增强,学校的发展步伐才能加快。

(5)安全教育是解决高校共同面临的各种公共安全问题的现实需要。

大学生是一个同质性较强的群体,公共安全问题在当前已上升了一个新的层级,而且无不具有典型性和代表性，其辐射效应使得众多高校面临的问题具有极大相似性。构建安全教育体系能有效促进安全工作的制度建设、技防设施建设和安全保卫及应急队伍等建设,能做到人防、物防、技防和制度防的高度统一，就会全面提高安全防范能力，能使开展大学生安全观教育不再是单个学校处理个别公共安全事件的应急任务而是所有高校必须履行的重要职责。

第二章 国家安全

在中国,中华人民共和国国家安全部统一管理国家安全工作。2014 年 1 月 24 日,为了进一步完善国家安全体制和国家安全战略,确保国家安全,中共中央决定设立国家安全委员会。

一、国家安全的概念

国际关系学院编著的《国家安全学》一书中对“国家安全”概念的论述:国家安全是国家的基本利益,是一个国家处于没有危险的客观状态,也就是国家没有外部的威胁和侵害也没有内部的混乱和疾患的客观状态。当代国家安全包括 10 个方面的基本内容:国民安全、领土安全、主权安全、政治安全、军事安全、经济安全、文化安全、科技安全、生态安全、信息安全,其中最基本也是最核心的是国民安全。

要使“国家安全学”真正成为科学,一个最基本的前提就是要对这一学科中涉及的概念进行严格的逻辑分析,按照逻辑方法的要求给出每一个概念准确而无歧义的严格定义。这个任务需要经过我们长期不懈的艰苦努力来逐渐完成。

《中华人民共和国国家安全法(2015)》第 2 条:“国家安全是指国家政权、主权、统一和领土完整、人民福祉、经济社会可持续发展和国家其他重大利益相对处于没有危险和不受内外威胁的状态,以及保障持续安全状态的能力。”

国家安全就是一个国家处于没有危险的客观状态,也就是国家既没有外部的威胁和侵害又没有内部的混乱和疾患的客观状态。这是国家安全的基本含义。

首先,国家安全是国家没有外部的威胁与侵害的客观状态。

所谓外部的威胁与侵害,大致可分为外部自然界的威胁和侵害与外部社会的威胁和侵害两大类,但由于国家安全是一种社会现象,国家的外部威胁和侵害也就主要是指处于一国之外的其他社会存在对本国造成的威胁和侵害。从威胁和侵害层面看,这种外部威胁和侵害包括:①其他国家的威胁;②非国家的其他外部社会组织和个人的威胁,如某些国际组织或地区组织对某国的威胁和侵害;③国内力量在外部形成的威胁和侵害,如国内反叛组织在国外从事的威胁和侵害本国的活动。

其次,国家安全是国家没有内部的混乱与疾患的客观状态。危及国家生存的力量不仅来源于一个国家的外部,而且还时常来源于一个国家的内部。国内的混乱、动乱、骚乱、暴乱,以及其他各种形式的疾患,都直接会危害到国家生存,造成国家的不安全。因此国家安全必然包括没有内部混乱和疾患的要求。仅仅是没有外部的威胁和侵害,国家并不一定就会安全。

第三,只有在同时没有内外两方面的危害的条件下,国家才安全,因此,只有这两个方面的统一,才是国家安全的唯一特有属性。无论是“没有外部威胁”,还是“没有内部混乱”,都不是国家安全的唯一特有属性,由此并不能把国家安全与国家不安全完全区别开来,单独从这两方面的任何一方面来定义国家安全,都是片面的、无效的。但是,如果把这两个方面结合起来,表述为“既没有外部威胁和侵害,又没有内部混乱与疾患”,那么这就把国家安全与国家不安全区别开了,因而也就抓住了国家安全的特有属性,从而就形成了一个真实有效的定义:“国家安全是国家既没有外部威胁和侵害也没有内部混乱与疾患的客观状态”。

二、国家安全的相关意义及范畴界定

就本来意义说,国家安全战略就是“关于国家安全的战略”,但是人们在给这一概念下定义时,却给它加上了许多不同的限定。例如:“国家安全战略是指综合运用和发展一个国家的各方面力量，为实现国家安全目标而进行的全局性筹划和指导。”这一定义给国家安全战略加上了“综合运用和发展一个国家的各方面力量”这一限定词，但是不是任何时候、任何国家、任何组织的国家安全战略都是“综合运用和发展一个国家的各方面力量”呢？显然，在有的时候（例如古代）、有的国家（例如先秦时期的诸侯国），其国家安全战略便难以说是“综合运用各方面力量”，而可能仅运用了军事力量。其实，所谓“综合运用各种力量”的国家安全战略，只是国家安全战略的现代表现形态，而且是一种比较理想的表现形态，而不是国家安全战略的一切形态，因此这样定义就把许多不完善、不完美的国家安全战略排斥在国家安全战略之外了。这显然犯了“定义过窄”的逻辑错误。

国家安全是国家生存与发展的基础。然而，随着我国国内外安全形势的巨大变化、传统与非传统安全互相交织、信息社会带来的时空概念的巨大突破，特别是中国实力的大幅度提高，国际环境的深刻变革，使得我国建立在传统现实主义国际政治理论基础上的传统国家安全观已经显得不合时宜。传统安全观具有以下特征：首先，安全是“可分离”的，是一种单边行为，即安全完全是一个国家自己的事，国家只能通过自己的努力获得安全；其次，安全是具有竞争性的，存在一个明显的对手，双方之间处于竞争、敌对状态，安全是通过竞争、斗争得到的，是一种“零和游戏”；第三，安全范畴是狭窄的，主要局限于军事领域；第四，安全感是建立在相对基础上的，只有使对手屈服或彻底击败对手，才有真正的安全感。习近平总书记指出，“当前我国国家安全内涵和外延比历史上任何时候都要丰富，时空领域比历史上任何时候都要宽广，内外因素比历史上任何时候都要复杂，必须坚持总体国家安全观，以人民安全为宗旨，以政治安全为根本，以经济安全为基础，以军事、文化、社会安全为保障，以促进国际安全为依托，走出一条中国特色国家安全道路。”因此，需要对传统安全观到现代安全观过渡和转变的特点、内容、趋势进行全面分析。

1.国家安全战略的定义及其要素分析

当前,各国都有自己的国家安全战略,虽然提法各不相同,但内涵大体相同。综合目前的相关定义,可以将国家安全战略定义为:一个国家在特定历史条件下,综合运用和发展政治、经济、军事、外交、文化、科技等各方面的资源与力量,应对核心挑战与威胁、维护国家安全利益与价值观、实现国家安全目标的全局性筹划与总体构想。由此可见,一般而言,国家安全战略必须解决三个方面的问题:国家生死攸关的安全利益何在?对这些安全利益的威胁与挑战是什么?如何才能运用国家的各种战略资源消除威胁、维护国家安全?

结合全球发展趋势与中国现状来看,这些要素的内涵与外延、所覆盖的领域都更加丰富与复杂。

(1)从国家安全利益的角度来看,主要表现为:

我国国家安全利益所源于的"先天性""给定条件"和"外在的""内生变量"与"外生变量"都发生了重要的改变,导致国家安全利益呈现范围不断扩大、类别多元化发展的趋势。除了领土、人口、资源与政治主权等根本要素外,经济的发展、信息技术革命、文化、社会环境等客观条件,以及公众的思维方式、文化传统、价值观念、意识形态等主体性特质都开始渗透、影响着国家安全利益的发展与变化。

无论我国国家安全利益如何变化,政治的安全始终是第一位的,政治利益始终是最重要的国家利益,是对内治理与对外关系的决定因素与坐标,是政策制定者制定政策必须考虑和不容忽视的核心要素。谋划国家长治久安之策,需要在维护政治稳定和深化政治改革的矛盾中思谋良方。

通常,决定国家发展战略的公共利益与决定国家安全战略的国家利益"就一个国家的基本利益而言,由公共利益和国家利益两个部分组成。由社会整体利益所决定的是公共利益(public interests),决定着国家的公共政策。一个国家在对外发生关系时所涉及的利益，是国家利益，也就是国家的安全利益。公共利益和国家利益是决定国家大战略的两个不同的基础。公共利益决定国家的发展战略，国家利益决定国家的安全战略。”因此，人们既不能以发展问题取代安全问题，更不能在国家安全利益中忽视公共安全利益。

国家利益的排序不是一成不变，是一个动态的客观发展过程，而且利益的轻重与缓急不再完全对应，即重要利益不一定会优先解决。因为越是核心利益，受到的威胁往往越是长期的、战略性的；而越是一般的利益，受到的威胁则越是现实性的、紧迫性的，而且两者可能会互相演化。在实际工作中，一般利益的处理反而可能会占据决策者的主要议事日程，当一般利益的处理在有利于或者不会影响核心利益时，才会在国家安全利益的排序中占先。

国家安全利益涉及的主体对象呈现多元化，新的国家安全观突破了传统意义上的国家这一局限，以国家为中心向上扩大到全球安全和人类安全，向下延展到个人。在信息化时代，只有把各个层次的安全利益结合起来，国家才能获得真正的安全。

(2)从国家安全战略重点领域来看(或者称为：国家安全威胁来源、国家安全战略范畴、国家安全问题的具体目标等)，主要表现为：

现在和今后对我国国家安全的威胁主要还是来自国内，中国与外部的矛盾和冲突，甚至可能的战争的根源等都有可能是国内的某些问题，如“三股势力”、经济问题、环境问题等。

确定国家安全战略重点领域的基本出发点，亦即国家主权独立和领土完整、政治经济秩序正常化运转等国家传统安全的核心地位在相当长的时间内依然稳固。

非传统安全威胁因素无论是在严峻性还是在处理方式上都提出了新的要求与挑战，这就包括军事、政治和外交等传统问题以外的经济安全、金融安全、生态环境安全、信息安全、资源安全、恐怖主义、武器扩散、疾病蔓延、跨国犯罪、走私贩毒、非法移民、海盗、洗钱等。

以信息网络为基础的新型政治动员和社会动员以及网络恐怖主义渐行渐近,网络空间与现实社会的互动具有“共振”效应,并开始威胁社会安定和国家安全。

不同安全威胁因素类型之间的模糊性、综合化趋势增强,且相互作用、相互转化,这就要求对错综复杂的安全威胁因素进行冷静清晰的综合判断,认清安全问题的综合化趋势。

安全威胁因素影响的不确定性正在提高。国际交流和国家内部、组织、团体、个人的联系越发紧密,任何一点小的冲突摩擦都有可能触发“蝴蝶效应”,引起大规模的动荡。

(3)从国家安全战略的选择来看,主要表现为:

确立积极预防的国家安全战略方针,强调预先准备与防范,做到有备无患、趋利避害、防患于未然。

突破以往单纯的以军事手段作为维护国家安全的途径,将建立和参与各种国际制度体系和改变国际舆论环境等作为维护国家安全的重要方式,在国家安全战略的层面上无疑是重要的观念革新。传统的安全观中,维护安全的军事手段一直处于首要地位。然而,随着国家间的相互依赖性提高,相互影响、互动和渗透越来越复杂,以及冲突所可能产生的复杂后果和利益得失等因素,都导致了军事手段再也不是唯一的保证国家安全的途径。

从国家综合安全观念出发,在全面深化要素型战略能力的基础上,构建国家结构型战略能力,从而适应目前复杂、多变的安全环境。要素型战略能力,是指国家运用自身所拥有的、体现在具体领域的战略实力(如经济实力、政治实力、军事实力等)实现国家安全利益的能力。结构性战略能力则是指国家整合并运用国际体系和国内的资源与力量,应对各种安全问题,实现安全利益的能力。要素型战略能力与结构性战略能力关系密切。一方面,要素型战略能力是基础,自身的禀赋决定了国家在国际体系结构中的基本位置。结构性战略能力最终要依赖要素型战略能力的发挥而起作用。另一方面,结构性战略能力又相对独立地存在,并反作用到要素型战略能力。

国家安全战略准备实现从“基于威胁”到“基于能力”的转变。“基于威胁”是一般程式,指首先界定威胁,然后确定对手,最后决定如何发挥和运用资源与力量防范和有效解决威胁隐患。而“基于能力”并不把威胁是什么、对手是谁放在第一位,强调首先要具备战胜所有可能对手的超强资源与能力。这种战略思维并不是要忽视威胁,而是不把目标确定为具体威胁,而是所有可能的威胁。

2.国家安全战略管理体系

国家安全战略管理体系是为保障国家安全战略的决策、实施与调整的实现而建立起的国家安全战略领导体制和科学运行机制,以及为其提供的法制、科技、资源等相关保障。

国家安全战略领导体制是国家为了维护安全利益,消除各种安全威胁,实现国家安全战略目标而建构的领导组织体系及相应制度,它是国家领导体制的核心部分,也是国家安全战略顺利实施并达成既定目标的重要保障。目前,各国国家安全机构的性质与功能都不尽相同,但总体来看具有一定的相似性。

国家安全战略管理运行机制是为实现国家安全目标的工作流程与步骤以及相关手段与方法,对国家安全战略实现具有决定意义。具体流程包括根据国家定位,提出国家的安全利益需求,分析国内外环境中的利弊因素,制定国家安全战略方针与战略规划,运用科学策略推进国家安全战略实施,最终实现国家安全战略目标。具体可划分为八个步骤:明确功能、分析环境、制定方针、统筹规划、确定目标、战略调整、明确策略和评估反馈。

国家安全战略实现过程的保障,除了传统意义上的法律、政策、科技、人才等“硬实力”保障外,还应当在网络迅速发展的全球化大背景下,重视信息化安全和对新媒体的利用,提升全球舆论传播等“软实力”。

三、推进国家安全战略继续发展

1.推进国家安全战略理念的转变,将研究国家的大战略、安全战略和国家利益作为一个重要事项列入重要议事日程

总体来看,我国综合战略谋划不足,尚未完成对新国际形势和中国发展前景进行的总体性的战略调整,面向21世纪中叶世界大国前景的安全战略构想、战略文化、安全战略框架尚未形成。当前,各国之间的竞争也拓展到制定和实施国家大战略领域,都在重新界定国家利益、确定国家安全战略,中国要确保自身的稳定与优势必须在战略能力上胜人一筹。工业化和信息化带来的双重压力,引起发展困境、社会矛盾和利益关系的调整同时出现,使潜在的和暴露出来的安全问题更为错综复杂。因此,必须在稳步发展的同时有所跨越、有所创新,既要超前谋划、实现跨越式发展,又要在安全谋划和战略布局上坚持实事求是,不搞一刀切。

2.加强理论研究,推动完善国家安全战略学科理论体系建设

国家科技管理部门应当加大支持力度,依托有关科研单位、高等院校加强国家安全理论研究。国家安全研究在冷战后越来越受到人们的重视,许多概念与相关理论也逐渐开始出现,在我国,虽然对国家安全理论探讨才刚刚开始,却意义重大,而且必须不断深入下去。尤其要加强基础理论的研究,对国家安全研究领域会涉及的相关概念进行严格定义和论述。如果做不到这一点,国家安全研究就只能永远停留在"经验"的层次上,而不可能成为科学。

3.不断加强国家安全战略领导机构,提高应对危机的能力

这包括:在中央层面,加强中国国家安全委员会建设。在借鉴国外现有经验的基础上,结合中国国情和时代特点,进一步加强对委员会的性质、组成和职能等方面的研究。坚持底线思维,立足应对危机。按年度发布《中国国家安全战略》报告。可以借鉴国际经验,并结合我国国情,将报告分为机要件和公开件,公开件对提高我国国民的国家意识和忧患意识具有重要意义。报告至少应当包括国家安全利益、安全环境、目标与任务、指导方针、战略原则、战略能力、战略途径等内容。

4.系统梳理涉及国家安全战略的重要领域，并将之进行归类整理并评估，根据其重要性配置国家战略资源

首先，将涉及国家安全的各领域安全要素统统纳入到国家安全战略的考虑范围，保证在战略的制定和实践过程中不出现偏颇和失衡的问题；其次，将所有安全要素统一评估、统筹排序，对资源进行科学、合理匹配，解决安全问题的“泛化”与战略资源稀缺之间的矛盾，真正做到“以人民安全为宗旨，以政治安全为根本，以经济安全为基础，以军事、文化、社会安全为保障，以促进国际安全为依托”。

5.依赖制度化的和法治的力量，保障国家安全战略能力的持续性

中国本身并不缺乏对国家利益和国家安全战略的理解和实践，但问题是没有形成系统的理论和有效的制度。新中国成立以来，毛泽东、邓小平等国家领导人在国家安全问题上的战略意识和能力可谓运筹帷幄、炉火纯青，面对国家安危之际，总能做出正确决策，转危为安、化危为机，但这都主要体现在领导人的个人能力上。要提升我国制定和实践国家安全战略的能力，既要有最高领导者的雄才大略，还需要形成规范的理论和有效的机制，将国家利益和国家安全战略的理解与实践以一种制度化的和法治的方式转化成为国家能力。

6.加强文化安全建设，积极深入利用包括舆论宣传在内的多种方式手段来维护国家安全利益

在全球化时代，维护国家文化安全，就是保障和捍卫国家文化主权的独立性和自主性。国家安全利益的实现需要硬性的经济实力、军事保障等内容，同时还需要以社会动员、政治动员和舆论宣传为代表的软实力贯彻执行，夯实国家安全的群众基础。媒体宣传作为公共空间的重要成员和社会的重要公器，实时参与各类涉及国家安全事件的过程，在此过程中作为一个重要角色渗透到社会的各个领域和世界的各个角落具有相当的发展潜力与提升空间。

四、作为大学生，对于国家安全应该做些什么？

大学生作为中国特色社会主义事业的建设者和接班人，更应成为国家安全和利益的自觉维护者。

第一，要牢固树立国家利益高于一切的观念。邓小平指出："国家的主权、国家的安全要始终放在第一位"。国家安全涉及国家社会生活的方方面面，是国家、民族生存与发展的首要保障。科学技术没有国界，但知识分子不能没有自己的祖国。居安思危，把国家安全放在高于一切的地位，既是国家利益的需要，又是个人安全的需要，也是世界各国的一致要求。

第二，要密切关注国际斗争形势，增强敌情观念和防范意识。大学生应站在国家利益与国家安全的高度，学会运用马克思主义辩证唯物主义和历史唯物主义的立场、观点和方法，从纷繁复杂的国际斗争形势中认清敌对势力对我们进行渗透、颠覆和破坏的险恶用心和真实面目，克服麻痹思想，保持清醒头脑，增强责任意识，充分认识西方不良文化的恶劣影响，坚决抵制不良文化观念的侵蚀。在对外交往中，既要热情友好，又要内外有别、不卑不亢；既要珍惜个人友谊，又要牢记国家利益；既要争取各种帮助、资助，又不失国格、人格。

第三，要努力掌握维护国家安全的有关法律、法规。改革开放以来，我国先后制定了大批有关国家安全和国家安全工作的法律、法规、规章及其他规范性文件，初步形成了较为完整的国家安全法律的体系框架，为依法开展国家安全工作，防范、制止和惩治危害我国国家安全的违法犯罪行为提供了有力的法律武器。大学生应努力学习、掌握维护国家安全的有关法律、法规，明确什么是危害国家安全的行为、公民和组织维护国家安全的义务和权利，以及危害国家安全的法律责任等，进一步增强法律意识和国家安全意识，增强维护国家安全的责任感、义务感和荣誉感。

第四，要积极配合国家安全机关的工作。我国宪法和国家安全法规定，中华人民共和国公民有维护祖国的安全、荣誉和利益的义务，不得有危害祖国的安全、荣誉和利益的行为；国家安全机关是国家安全工作的主管机关；国家安全机关在国家安全工作中必须依靠人民的支持，动员、组织人民防范、制止危害国家安全的行为。为此，每个学生应深刻认识到，维护国家的安全和利益，不仅是国家安全机关的神圣职责，也是每个公民和组织应当履行的法定义务。它主要包括：公民和组织应当为国家安全工作提供便利条件或者其他协助；公民发现危害国家安全的行为，应当直接或者通过所在组织及时向国家安全机关或者公安机关报告；在国家安全机关调查了解有关危害国家安全的情况、收集有关证据时，公民和有关组织应当如实提供，不得拒绝等。

第三章　防范盗抢伤害

第一节　学生宿舍防盗

学生宿舍是高密度人群居住的地方，防盗工作也不容忽视。作为宿舍的主体——学生，要重视防盗工作的重要性，提高思想认识，让不法分子无可乘之机。

1.学生宿舍常见的被盗方式

(1)乘虚而入：即室内无人，房门未锁，窃贼入室。

(2)钓鱼：即夏秋季节，窃贼趁夜深学生熟睡之时，用树枝、竹竿等钩走较矮楼层学生的衣物。

(3)溜门撬锁：此类案件作案手法表现为胆大手狠，现场翻动较大，作案目标以现金和价值高、便于携带的物品为主。

(4)翻窗入室：此类盗窃案件的窃贼与溜门撬锁者的作案目标相近。

(5)顺手牵羊：即趁主人不注意时，顺手盗窃财物。

此外，还有偷配钥匙预谋行窃；也有借找人、卖东西等名义混入宿舍，行窃等。

2. 哪些学生宿舍容易被盗

(1)居住成员混杂、搬动次数频繁的易被盗窃分子钻空子。

(2)制度不严、管理松懈的容易使盗贼乘虚而入，进行盗窃。

(3)无人值班或值班人员无责任心的。

(4)缺乏警惕性、互不关心的。有的学生看到陌生人在宿舍里乱窜，缺乏警觉或唯恐惹火烧身而不闻不问，有的宿舍无人时未锁门而被盗。

(5)门窗缺乏安全设施的。

3.什么时候学生宿舍容易被盗

(1)开学时,学生带的现金较多,宿舍串门的人多时。

(2)放寒暑假前,学生忙于复习考试时。

(3)学生上课时,特别是上午8:30~9:30。

(4)夏秋季节,住在一楼的学生开窗睡觉易发生“钓鱼”盗窃。

(5)夏季经常开门通风,易发生乘虚而入的盗窃。

4.宿舍防盗应注意哪些问题

(1)养成进出寝室随手关门的良好习惯,以防小偷趁学生洗漱、上卫生间、串门等间隙及睡觉时机,溜门入室、顺手牵羊行窃。最后离开宿舍的学生一定要注意关好窗,锁好门。

(2)不能随便留宿不知底细的人。

(3)对形迹可疑的陌生人应提高警惕。

(4)注意保管好自己的钥匙,不要随便借给他人。

(5)如学生宿舍值班人员责任心不强,应积极向宿舍管理部门或保卫部门反映,加强宿舍管理。

5.如何保管好自己的现金和贵重物品

(1)现金最好的保管方法是存入银行,并设置密码,密码不要随意告诉他人。存折与身份证要分开存放,这样即使存折被盗,也不会被人冒领。

(2)贵重物品不用时最好锁进抽屉、柜子里,以防被顺手牵羊、乘虚而入者盗走。放长假前,最好将贵重物品带走或交给可靠的人保管,不要留在宿舍。

(3)学生宿舍不宜放置手提电脑、电脑液晶显示屏等小件贵重物品。

(4)住一楼的学生,睡觉时应注意将衣物放在远离窗户的地方,防止被人“钩走”。

(5)宿舍钥匙不要随便借给他人或乱扔乱放。

(6)对于贵重物品,最好有意识作一些特殊记号,即便被盗走,将来找回的可能性也会大些。

6.学生宿舍发现可疑人时怎么办

(1)发现可疑人应主动上前询问,态度应和气,但须问得仔细些。

(2)来人回答疑点较多,神情紧张,则要进一步盘问,并要求查看其身份证件。

(3)如来人经盘问疑点很多,不肯说出真实身份,或其携带有可能是赃物、作案工具等物品,在做好自我保护的前提下应采取措施拖延时间,并打电话通知学校保卫部门来人核实情况。

(4)要注意的几个问题:一是态度始终要和气;二是不能随意对可疑人员进行搜查;三是如可疑人员是盗窃分子,要防止其突然行凶或逃跑。

7.发现宿舍被盗怎么办

(1)立即向公安机关和学校保卫部门报案。

(2)保护好现场,不要让同学进入被盗的房间。

(3)如发现存折被盗或可能被盗,立即到银行挂失。

(4)如实回答公安保卫人员的提问,力求全面、准确。

(5)积极向公安机关和保卫部门提供情况,反映线索,协助破案。保护好每个学生的财物,不发生被盗,这不仅是个人的事,而是要靠全宿舍、全班甚至全校的人共同关心。

最后应注意如下问题:

(1)最后离开寝室的学生要锁门,不要怕麻烦,要养成随手关、锁门的习惯。一时大意往往后悔莫及。

(2)学生短时离开宿舍未锁门引发的溜门盗窃案经常发生,一般占入室盗窃案总量的三分之一以上。由于此类案件多是有现场但作案遗留痕迹较少,所以,侦破难度很大。学生去串门聊天或去买饭时不锁门,睡觉时不锁门等都会留下隐患。

(3)不能留宿他人。年轻人热情好客很正常,但不可违反学校宿舍管理规定,更不能丧失警惕,引狼入室。

(4)对形迹可疑的陌生人应提高警惕。外来人员在宿舍里盗窃,有的就是兜售物品的商贩,见宿舍管理松懈,进出自由,房门大开,往往就会顺手牵羊偷走现金衣物;有的是盗贼先进宿舍"踩点",摸清情况后会看准时机才溜门撬锁大肆盗窃;有的盗窃学生宿舍的惯犯,打扮成学生模样在宿舍里到处乱窜,一遇机会就会大捞一把。不管是哪一类型的盗窃分子,他们大都有在宿舍里四处走动、窥测张望等共同特点,见到这类形迹可疑的陌生人,只要有人多问问,往往就会使其露出狐狸尾巴。即使不能当场抓住,也使盗窃分子感到无机可乘,不敢贸然动手,客观上起到了预防作用。

(5)假期中,因多数学生回家,留校的少数学生不上课,喜欢带社会上的朋友和外校的学生进校玩,进出学生宿舍的人员较复杂,若不加强学生宿舍管理,容易发生盗窃案件。

(6)做到换人换锁,并且不要将钥匙借给他人,防止钥匙失控造成的宿舍被盗。

第二节　校园公共场所防盗

一、在图书馆怎样防盗

(1)严格遵守图书馆的规章制度。现在各高校图书馆都制定有内部规则或专门的防盗制度(如财物保管制度等),遵守图书馆的规章制度,有利于保持图书馆的有序、整洁,对于预防盗窃也有着重要的作用。

(2)衣服不能随意搭在椅子上,特别是装有现金或贵重物品时,更加应该注意,以防盗贼顺手牵羊。

(3)在公共阅览室里,切不可将贵重物品、现金随意放在桌上和椅子上,要做到现金、贵重物品不离身。

(4)需暂时离开时,应将现金、贵重物品带走或交代同伴代管，且离开的时间不宜过长。

(5)不要用书、衣服等物品“占位”。这种行为既缺乏社会公德又非常危险，同时也是非常危险的。因这种行为而引发的盗窃案在图书馆被盗的案件中占了很大比重。

二、教室(自习室)防盗

(1)人离开图书馆、自习室等公共场所时要把贵重物品随身带走，或交可靠的同学照管，以免被犯罪分子乘机窃走。

(2)尽量不要在书包内存放大量现金和与学习无关的贵重物品。

(3)不要用书包占座，尽量使用不重要的书本。

(4)教室较空却有陌生人主动在身边就座时，应将书包放至身体内侧视线范围内，以免被顺手牵羊。

三、在体育场所怎样防盗

(1)尽可能不携带过多现金、贵重物品。这样做可以避免和减少损失。

(2)有保管处的，应将物品交由保管处保管；没有保管处的，则应集中置于显眼处由专人看管或轮流看管，不能随意乱放。

(3)对形迹可疑的人应提高警惕。对于那些东张西望或只注意别人物品或在物品周围徘徊的人，要特别注意，必要时可上前询问，但态度应平和。

(4)离开前应清点物品。这样不仅可以避免物品遗漏，还可在物品被盗或者丢失时，能及时报告保卫部门，有利于保卫部门迅速组织人员进行围堵。及时报告有可能捉到盗贼，找回被盗物品。

四、在食堂怎样防盗

(1)排队(特别是买饭票、刷卡)时，应注意周边环境，提高警惕。背着背包、书包的学生尤其应注意身后的变化，以防有人混水摸鱼。

(2)随身物品不能随意置于身旁、身后，离开时应把物品带走。

(3)饭票、饭卡不能随手置于桌上，饭卡最好加上密码，有必要时应设置一次最高消费额。

(4)一旦发现饭卡丢失，应立即到食堂挂失。

五、逛街购物时怎样防盗

(1)尽量少带现金，不要露财。

(2)不要将背包和手袋背在背后，也不要把钱放在后裤袋中。

(3)试衣时，一定要将背包和手袋交同伴照管或随时掌控在自己手中。

(4)在超市购物时，不要将包或衣物放在手推车或篮子里，以防不注意时被拎包。

(5)在外就餐时，将背包和手袋放在自己能照看得到的地方。

(6)在人多热闹场所，不要光看热闹而疏忽自己的钱物。

(7)避开老“粘”在身边的陌生人，如果在路上不小心被人撞了一下，要及时查看钱物。

第三节　旅途防盗

学校生活，学习是重点，作为学生，学习不能成为生活的唯一，经常走出去也是一种学习。但是，旅途也不是总是那么轻松，有时候也会遇到一些小意外。有的同学习惯携带现金旅行，尽管有一些防范措施，但易被小偷盯上。作为旅客，最好改变携带现金出行的方式，利用银行卡取款，就不必一路上担心被盗而神经紧张，而能真正实现轻轻松松出门。同时要注意：

一、旅途中坚持“七不要”

(1)不要他人代购票,遇到陌生人主动帮助购票,请相信自己的判断力,自己到窗口排队买来的票是真的。

(2)不要贪心。比如有的犯罪分子会将放有麻醉剂的香烟、饮料、酒以及其他食品等请你享用,一旦贪心,必定破财。

(3)不要粗心。在列车上发生的盗窃案,多半与粗心大意有关,贵重物品、钱款不要放在行李架上或衣帽钩上。

(4)不要露富。出门时要有用钱的预算,将零整分开,分别保管;还要衣行简朴,不引人注意。

(5)不要露底。与人闲谈,不要轻易将工作单位、家庭住址及电话等和盘托出。

(6)不要胆小。遇到犯罪分子应勇敢地站出来,动员和运用一切助力或可利用的工具与犯罪分子做斗争。

(7)不携带大量现金。有些学生习惯携带现金旅行,尽管有一些防范措施,但容易被小偷盯上。

二、旅途中坚持“四注意”

(1)在售票处,如果有人突然在旁边聚集起哄,最好不要去看热闹,因为此时人多,最易被扒窃。

(2)乘火车坐硬(软)座时,个人随身的行李物品要放在视线之内的行李架上,并随时观察,特别是火车到站前,上下旅客人多拥挤时,更要注意自己的行李。

(3)入睡时,可将放有贵重财物的包锁好,放在身边或用链条固定在行李架上、茶几腿上,切不可把装有现金的外衣盖在身上,要叠好放在头下枕着,或者把现金、皮夹放在内衣口袋。

(4)乘火车外出要当心挂在衣帽钩上的衣服。扒手往往会将自己的衣服挂在上面做掩护,或把手从座位靠背与车厢内的间隙里伸过去。所以,衣帽钩上挂衣服时,最好先把贵重物品拿出来。

第四节　校园内防抢

抢劫是以暴力、胁迫或其他方法强行抢走财物的行为，对社会具有较大的危害性、骚扰性，如处理不当，往往转化为凶杀、伤害、流氓等恶性案件。

一、校园内抢劫案件有什么特点

(1)发案时间一般为师生休息或校园内行人稀少夜深人静之时。

(2)大多数抢劫案件发生于校园比较偏僻、阴暗、人少的地带，一般为树林中、小山上、远离宿舍区的教学实验楼附近或无路灯的人行道、正在修建的建筑物内。

(3)抢劫的主要对象是单身行走的人员，特别是单身行走的女性。

(4)作案人一般为校内或学校附近有劣迹的年轻人，这些人熟悉校园环境，往往结伙作案；作案时胆大妄为，作案后逃遁。外地流窜作案的可能性较小。

二、在校园内如何避免遭到抢劫

(1)不外露或向人炫耀随身携带的贵重物品，单独外出不带过多的现金。

(2)外出尽量结伴而行。

(3)不要独自到行人稀少、阴暗、偏僻的地方，避开无人之地。

(4)尽量避免深夜滞留在外不归或晚归。

(5)不要显露出过于胆怯的神情。

三、遭遇抢劫时该怎么办

(1)保持镇定，克服恐惧心理，冷静应对。

(2)只要具备反抗能力和有利时机,应尽力反抗,使作案人丧失继续作案的心理和能力。

(3)可借用有利地形,利用砖头等与作案人僵持,使其无法近身。

(4)无法与作案人抗衡时,可看准时机向有人、有灯光处奔跑。

(5)无法反抗时,可先交出部分财物,同时理直气壮地对作案人晓以利害,造成其心理上的恐慌,切不可一味求饶。

(6)注意观察作案人的身体特征。

(7)无论在任何情况下,只要有可能,就大声呼救,或故意高声同作案人说话。

(8)及时报案。作案人得逞后,可能继续寻找下一个抢劫目标,如能及时报案,准确描述作案人的特征,有利于公安及保卫部门组织力量布控,抓获作案人。

第五节 防飞车抢夺

现代社会相对和谐,但是也有一些例如飞车抢夺的不安全事件难以避免,如何才能有效防范"飞匪"侵害,规避路面"飞来横祸"呢?

(1)银行提款要小心,尽量结伴才无事。

抢夺银行提款人的"飞匪"一般是三人合伙作案,一个人进银行偷窥提款数额,另两个乘坐摩托车在银行外等。当在银行内的同伙确定提款人提完款准备离开时,便溜出告知同伙,叫他们跟踪,伺机抢夺。因此,到银行提取款项或携带大量现金、贵重物品时,应尽量结伴而行,注意观察周围环境,最好驾机动车或乘出租车。

(2)公共场合忌露财,挂包不要放车筐。

飞车抢夺的目标,多是外露的财物。因此,应尽量做到不使财物外露，不把手机别在腰间骑自行车，不胸挂手机到处跑，不要边走边打手机，不将挂包放在自行车篮里。手提包内尽量不放大量的现金、贵重物品。

(3)走路要走人行道，靠近车行道最危险。

飞车抢夺易发生在路面宽阔，交通畅通的地段，事主或驾驶摩托车，或骑自行车，或走在路上，或走在人行道边上。所以，行走时应尽量靠近人行道内侧，不要太靠近车行道。遇陌生人打招呼时，要注意身上的物品。有摩托车无缘无故靠近时，要注意，看清楚车上的人。横穿道路如发现两人共骑一辆无牌摩托车在周围游弋，就要防备。行走中听到有摩托车声从背后冲过来时，应警觉。

(4)单身行走包背好，自行车筐包放牢。

若在人行道行走，所背挎包应尽可能选择交叉挎包；随身提包则应尽量提在身体靠路旁一侧，并让拎包、挎包置于身体前；如携带运动包或帆布袋，宜斜背在肩上。若骑自行车时在车筐里放包，最好用夹子将包带和车筐夹牢固定，或用一条细绳把包绑牢在车把上，或把包带在车把上多绕几圈，也可在车筐上加装盖子，再加一把环形锁。

(5)路遇“飞匪”不要慌，冷静反应速报警。

万一遇到飞车抢夺，不能惊惶失措，要迅即记住犯罪分子的体貌特征、所乘车辆的特征及其逃跑方向，尽快拨打110或到就近的治安联防点、派出所报警。在确保安全的前提下，可马上追上几步，或站在高处，看清歹徒逃跑的路线，包括头发、身高、脸部、衣着、口音，摩托车的颜色、大小、型号，提供的车辆特征越多越好，这些都是警方破案的重要线索。

第四章　预防火灾伤害

水火无情,火灾不仅会断送人的生命,还会给国家带来了巨大的经济损失。然而,现实生活中到处都存在着潜伏的火灾危机,使人们的生命和财产处于火灾的威胁之中。隐患险于明火,防患胜于救灾。因此,将与人们生活息息相关的消防知识和技能作为学习课题,让大学生全面了解学校的消防现状,探寻提高高校消防安全意识,掌握必要的消防安全技能,对普及消防知识,提高大学生的自我保护与救助能力,具有重要的现实意义。

第一节　消防常识

火灾是指在时间或空间上失去控制的燃烧所造成的灾害。所谓燃烧是指可燃物与助燃剂作用发生的放热反应,通常伴随有火焰、发光和发烟现象。燃烧必须同时具备可燃物、助燃物和着火源三个条件,缺一不可。有时在一定的范围内,虽然三个条件具备,但由于它们没有互相结合、互相作用,燃烧的现象也不会出现,破坏燃烧的任何一个条件,火都会熄灭。消防安全不是一切,但失去了安全就没有了一切,必须使学生们充分认识火灾及其危害性,提高安全防范意识,切实加强消防知识的学习,提高自防自救能力。只有这样,才能有效地预防和减少火灾危害,营造一个安全的学习和生活环境。

一、火灾的发展规律

人们在实践中认识到,多数火灾是从小到大,由弱到强,逐步形成的。火灾的形成过程一般分为初起、成长、猛烈、衰变四个阶段，前三个阶段是造成危害的关键。

1.火灾初起阶段

一般固体可燃烧物质发生燃烧，火源面积不大，火焰不高，烟和气体的流速不快，辐射热不强，火势向周围发展的速度比较缓慢。这段时间的长短，随建筑物结构及空间大小的不同而不同。在这种情况下，只需少量的人力和简单的灭火工具就可以将火扑灭。

2.火灾成长阶段

如果初起阶段的火未被发现或扑灭，随着燃烧物时间的延长，燃烧强度增大，温度逐渐上升，燃烧区内逐步被烟气所充满，周围的可燃物在短时间内被加热，此时气体对流增强，燃烧速度加快，燃烧面积迅速扩大，会在一瞬间形成一团大的火焰。在这种情况下，必须有一定数量的人力和消防装备，才能及时有效地将火扑灭。

3.火灾猛烈阶段

随着燃烧时间的延长，燃烧速度不断加快，燃烧面积迅速扩大，燃烧温度急剧上升，持续温度达600~800℃，辐射热最强，气体对流达到最高速度，燃烧物质的放热量和燃烧物达到最高数值，此时建筑材料和结构受到破坏，会发生变形或倒塌。这段时间的长短和温度高低，取决于建筑物的耐火等级。在这种情况下，需要组织较多的灭火力量和花费较长的时间，才能控制火势，扑灭大火。

4.火灾衰退阶段

猛烈燃烧后，火势衰退，室内温度下降，烟雾消散，火灾渐渐平息。

二、高校常见的火灾类型

高校发生的火灾根据发生的原因可分为生活火灾、电气火灾、自然现象火灾、人为纵火等类型。

1.生活火灾

生活用火一般是指人们的炊事用火、取暖用火、照明用火、吸烟、烧荒、燃放烟花爆竹等,由生活用火造成的火灾称为生活火灾。随着社会的全面进步发展,炊事、取暖用火的能源选择日益广泛,有燃气、烧煤、烧油、烧柴、用电等多种形式。大学生生活用火造成的火灾现象屡见不鲜,原因也多种多样,主要有:在宿舍内违章乱用燃气、燃油、电器火源;火源位置接近可燃物;违反规定存放易燃易爆物品;使用大功率照明设备,用纸张、可燃布料做灯罩;乱扔烟头,躺在床上吸烟;在室内燃放烟花爆竹;玩火等。

2.电气火灾

目前大学生拥有大量的电器设备,大到电视机、电脑、洗衣机等,小到台灯、充电器、电吹风机,还有违章购置的电热炉、电热毯,甚至电饭锅等电气设备。由于学生宿舍所设电源插座较少,少数学生违章乱拉电源线路,不合规范程序地安装操作致使电源短路、断路、节点接触电阻过大、负荷增大等引起电气火灾的隐患因素多。个别大学生购置的电气设备如果不是合格产品,也是致灾因素。尤其是电器的大量使用,引发火灾的危险性最大。

3.自然现象火灾

自然现象火灾并不常见,这类火灾基本有两种:一是雷电;二是物质的自燃。雷电是常见的自燃现象,它是大气层运动产生高压静电再放电,放电电压有时达到几万伏,释放能量巨大。当作用于地球表面时,具有相当大的破坏性,产生的电弧可成为引起火灾的直接火源,摧毁建筑物或窜入其他设备可引起多种多样的火灾。预防雷电火灾必须合理安装避雷设施。自燃是物质自行燃烧的现象。如黄磷、锌粉、铝粉等燃点低的一类物质在自然环境下就可燃烧;钾、钠等碱金属遇水即剧烈燃烧;不干燥的柴草、煤泥、沾油的化纤、棉纱等大量堆积,经生物作业或氧化作用聚集大量热量,使物质达到自燃点而自行燃烧发生火灾。所以对自燃物品一定要以科学的态度和手段加强日常管理。

4.人为纵火

纵火都带有目的,一般多发生在晚间夜深人静之时,有较大的危害性。有旨在毁灭证据、逃避罪责或破坏经济建设等多种形式的刑事犯罪分子纵火,还有旨在烧毁他人财产或危害他人生命的复仇纵火等。这类纵火都是国家严厉打击的犯罪行为。另外,还有精神病人纵火,是由于病人对自己的行为无法控制而产生的,所以,精神病人的监护人一定要履行好自己的监护职责。

三、火灾时人心理与行为的误区

害怕和恐怖的程度因人而异,反过来说,正像代表每个人性格的理性判断那样,当其消失的时候就成了没有个性的人。这些人汇集成群,共同拥有不安和恐怖,显示出火灾时特有的心理,会导致比火灾本身更加严重的灾害。这个人群是由本无联系的人未经组织而形成的团体,混乱时,如果没有可依赖的人,就必定会陷入周围的氛围中,由于共同具备的不安,就易于听从谣言或错误的诱导。从心理角度看,人群具有下列特征:

1.都为有共同关心的问题而聚集在一起

该团体是偶然的、临时产生的,是一个没有任务分担的团体,易于受周围人的情绪所支配。

2.愿意靠近人群

人们是由于某种原因汇集到一起的,这些汇集起来的人群的心理会起到相乘的作用。遇到火灾时的烟雾、异臭、停电、嘈杂等状况,常常会导致恐慌,加上不了解周围环境,使人们无法做出冷静的判断,在逃离时,往往会返回进来时的线路上,由此可能会造成更大的险情。

3.朝着光亮处

人们在日常生活中,除了就寝之外,大部分时间生活在明亮的环境下。对黑暗都有一种不安的感觉。因此,当突如其来的烟雾遮挡住视线，陷入无法照明的黑暗世界时，习惯上都会朝着有亮光的方向逃生。

4.回避危险

遇到烟和火时，人们往往会朝着看不见烟和火的方向逃生。逃生行动往往变成只着眼于脱离眼前危险的单纯行动。被烟和火围困没有其他办法逃生时，往往会采取从高处跳下等意想不到的冲动行为。

5.随大溜

人们往往不是靠自己的判断来确定逃生的方向，而是跟在前面的人或是大多数人的后面。

6.其他

由于烟雾和火的刺激，人的判断力减弱以及身体不适会使人惊慌失措，从而会延误采取正确行动的时机。其中一个因素往往就会导致恐慌的发生。

第二节 火灾成因

高校发生的火灾，客观上存在着学生人数多、居住密集度高，教学及实验室存在一定的火灾危险，一些房屋建筑耐火性等级较低、电气线路老化等原因。主观上则是由于部分师生的消防意识淡薄，违反学校管理规定及缺乏基本的消费安全常识而造成的。分析火灾事故产生的原因，很大程度上离不开“人为”因素，突出表现在以下几个方面：

一、消防安全意识淡薄

少数大学生认为火灾离自己很远，可能不会在自己身边发生，心存侥幸；对于学校举行的消防安全知识教育和培训，往往被认为是多此一举，没有必要；面对一些火灾案例和图片展时，只是觉得很凄惨，却没有从思想深处引起足够重视，因而在日常行为中表现的满不在乎。有的人认为只要学习好了就行,其他的可以无所顾忌;有的认为消防工作是领导和学校甚至是消防部门的事情,与自己无关。

1.违规使用大功率电器

为了图方便,有些学生经常违规使用电炉、热得快、电水壶等大功率电器,导致电线难以承受负荷引起火灾。

2.私自乱接电源

随着电脑、手机等电子设备使用的普及,很多电子设备需要充电,学生便在宿舍内私拉乱接电线,增加了线路负荷,加上大多数使用的是低负荷的软电线,长期超负荷运行后会出现绝缘老化,从而极易导致火灾的发生。

3.乱扔垃圾

烟头表面的温度为200~300℃,中心温度甚至可达700~800℃,超过了棉麻、毛织物、纸张、家具等可燃物的燃点,许多学生对此认识不足。一个乱扔的烟头,一旦与可燃物接触就很容易引起燃烧,甚至酿成火灾。

4.随意焚烧杂物

使用明火,最易发生火灾。因为明火实际上就是正在发生的燃烧,燃烧一旦失去控制马上便会转化为火灾。这些道理虽然很简单,但有的学生却常常不以为然,随意在宿舍内焚烧废弃物,最终不仅会自食其果,还会殃及他人。

5.擅自使用炉具

高校宿舍是学生学习和休息的地方,但是有的学生图方便常在宿舍煮面条,还有的将火锅端到寝室里搞聚会。凡此种种,无一不给校园安全造成隐患,会对学生的生命和财产构成威胁。

6.随意点燃蚊香

蚊香具有很强的阴燃能力,点燃后没有火焰,但能长时间持续燃烧,中心温度可高达700℃,超过了多数可燃物的燃点,一旦接触到可燃物就会引起燃烧,甚至扩大成火灾。

二、消防基本知识贫乏

1.不了解电气基本知识

许多大学生对基本的电气知识不了解,往往由于无知而导致火灾的发生,诸如用铜丝代替熔断丝,照明灯距离蚊帐太近,充电器长时间充电等。

2.不懂得灭火基本常识

很多学生由于平时不在乎、不注意对消防基本知识的学习,在发现火灾险情后,不知道如何处理,失去了最好的灭火时机,以致火势发展蔓延成灾。

第三节 火场逃生自救

火场往往会如同一个恶魔一样吞噬人们的生命和财产。身临火场时,由于浓烟毒气的熏烤和烈焰包围灼烧,很多人因此受伤甚至殒命火场,然而也有不少人能死里逃生、安全脱险。

面对浓烟和烈焰,只要平时多掌握一些火场自救的方法,现场冷静机智,灵活运用火场自救与逃生知识,就有可能化险为夷,拯救自己。比如:在1993年2月14日,唐山市林西百货大楼发生的特大火灾,死84人,伤53人。在幸存者中有一位刘姓女士,着火时她正在三楼购物,当时烟雾已经弥漫开,混乱中她根据自己掌握的逃生知识,采用匍匐姿势,趴在地板上,顺着楼梯爬到二楼,从窗户中爬出,安全逃离了火场。

所以,大学生既要具备良好的安全防火意识,掌握一定的灭火技能,更要知晓一些火场逃生的方法,这样才能在万一遇到火灾时冷静处置,安全逃生。

一、火场逃生常识

平时就要做火灾逃生的预案,对所在的建筑物的结构及逃生路径要做到了然于胸;熟悉建筑物内的消防设施及自救逃生的方法。这样火灾一旦发生时,就不会觉得手足无措了。

(1)通道出口,畅通无阻:楼梯、通道、安全出口等是火灾发生时最重要的逃生之路,应保证畅通无阻,切不可堆放杂物或设闸上锁,以便紧急时能安全迅速地通过(请记住:自断后路,必死无疑)。

(2)屋内应常备灭火物品,一些常用的消防器材如灭火器等是不宜缺少的。

(3)失火时,不宜先抢救财物,以免失去逃生的时机。

(4)火势不大时,要当机立断披上浸湿的衣服或裹上湿毛毯或者湿被褥勇敢地冲出去,但千万不要披塑料雨衣。

(5)逃离时,要用湿毛巾掩住口鼻。现代建筑虽然比较坚固,但大多数的装潢材料为可燃物品。这些化学装饰材料燃烧时会散发出有毒气体,会使人窒息死亡。同时,燃烧中产生的热空气一旦被人吸入,会严重灼伤呼吸系统的软组织,严重的也可致人窒息死亡。唐山市林西百货大楼特大火灾死亡人中的绝大多数均系窒息而死。

(6)逃生的人员多数要经过充满浓烟的路线才能离开危险的区域。所以,逃生时可把毛巾浸湿(可用自来水、鱼缸水,甚至用尿液),叠起捂住口鼻。无水时,干毛巾也可。身边没有毛巾,餐巾布、口罩、衣服也可以替代。要多叠几层,以增大滤烟面积。捂严口鼻可增加滤烟效果。

(7)在浓烟中避难逃生,应尽量放低身体或用膝、肘着地匍匐前进,因为烟气及毒气比空气轻,贴近地面的空气一般比较清新且含氧量较多。

(8)烟雾较浓时,在非上楼不可的情况下,必须屏住呼吸上楼。因为浓烟上升的速度是3~4m/s,而人上楼的速度是0.5m/s。

(9)当被大火围困又没有其他办法可自救时,可用手电筒、醒目物品不停地发出呼救信号,以便消防队及时发现,组织营救。

(10)带婴儿逃离时,可用湿布轻蒙在婴儿的脸上,一手抱着,一手着地爬行逃出。

二、楼房火场逃生常识

目前,多数大学生学习、生活乃至娱乐场所都是在楼房里,所以学习起火时如何从楼房里逃生是非常必要的。

(1)看好楼房的示意图,选择好逃生路线。

(2)在火灾初期,楼道、走廊没有被大火完全封住时,把被子、毛毯或褥子用水淋湿裹住身体,用湿毛巾捂住口鼻,低姿前行,要走最近的安全通道,迅速逃离火灾现场。

(3)楼下着火,楼上的人应关闭通向走廊和阳台的门窗,在室内或阳台上等待援救,切忌跳楼或往楼下的火场里跑。俄罗斯人民友谊大学的火灾造成大量人员伤亡的一个重要原因就是火起后,许多人跳楼导致了脊椎骨折、骨盆骨折等机械性伤害甚至死亡。

(4)当身处低层楼房时,可考虑将床单、台布等撕成布条,结成绳索,并用浸湿、打结等方法增强牢固度,牢系窗槛,再用衣角护住手心,顺绳滑下。

(5)房间外墙壁上有落水或供水管道时,有能力的人,可以利用管道逃生,这种方法一般不适用于妇女、老人和小孩。

(6)逃生时,要从疏散楼梯安全逃离,不要乘坐普通电梯;在屋里等待消防人员营救,即使再危险也不要从窗子里跳下去。

(7)脱险后,要立即向消防人员说明大楼内的人员、物质分布情况,协助疏散人员和物质。

三、公共场所逃生常识

商场、宾馆、酒楼、歌舞厅等都是公共场所,这里人员密集,易燃物品较多,通道往往堵占的现象比较严重,一旦起火,很容易酿成群死群伤的惨剧。2003 年 2 月 2 日(正月初二),黑龙江省哈尔滨市道外区天潭酒店发生特大火灾,33 人死亡。克拉玛依大火、辽宁省阜新市的歌舞厅大火、唐山林西百货楼的大火以及巴拉圭的超市大火都酿成了数十乃至数百人死亡的惨剧。

尽管大火无情,但如果人们掌握了基本的公共场所逃生知识,平安逃生也是可能的。如 1985 年 4 月 18 日深夜,哈尔滨市天鹅宾馆发生特大火灾,起火的楼层是 11 楼。当时该楼层旅客中有一位外国客人,他具有非常良好的消防安全意识,在入住客房时,首先在门口看了看周围环境,掌握了疏散出口和路线。当夜里察觉到失火后,立即起身,冷静地穿过烟雾弥漫的走廊直往疏散通道摸去,死里逃生。

以下是专家们总结出的公共场所逃生的 8 个要点,大学生一定要认真掌握。

(1)熟悉环境法:当人们走进商场、宾馆、酒楼、歌舞厅等公共场所时,要留心看一看太平门、安全出口、灭火器的位置,以便遇到火警能及时疏散或采取灭火措施。上述例子里的外国游客就是通过这个方法逃生的。

(2)迅速撤离法:当意识到自己可能被烟火围困时,千万不要迟疑,要立即跑出房间设法脱险,切不可延误逃生良机。在辨别逃离方向时,一定要注意朝着明亮处迅速撤离。切忌乱挤乱跑,以免因拥挤、践踏造成不必要的伤亡。在楼梯上,应尽可能往下跑,因为火主要是向上蔓延。如果楼梯已经烧断或被烈火封闭,那么就应当通过屋顶上的天窗、阳台、下水道等建筑物结构中的突出物逃生。

(3)逃生行动必须是争分夺秒的。一旦听到火灾警报或意识到自己可能被烟火包围,千万不要迟疑,要立即跑出房间,设法脱险,切不可延误逃生良机。

(4)通道疏散法:楼房着火时,应根据火势情况,优先选用最便捷、最安全的通道和疏散设施,如疏散楼梯、消防电梯、室外疏散楼梯等。疏散通道是公共场所逃生的关键所在,而在造成人员重大伤亡的公共场所火灾案例中,大多数都存在疏散通道不畅的问题,上述几个案例便是如此。

(5)从浓烟弥漫的建筑物通道向外逃生时,可先向头部、身上浇些凉水,然后用湿衣服、湿床单、湿毛毯等将身体裹好,要低姿行进或匍匐爬行,穿过险区。如无其他救生器材时,可考虑利用建筑的窗户、阳台、屋顶、避雷线、落水管等脱险。

(6)奔跑:在火灾现场,如果身上着火,千万不能随便奔跑,因为奔跑时会形成小股的风,使大量新鲜空气冲到着火人身上,火会越烧越旺。着火的人到处乱跑,还会引起新的燃烧点,所以身上着火时,应先把衣服脱掉。如果来不及脱掉衣服,也可卧倒在地上打滚,把火苗压灭。

(7)绳索滑行法:当各通道全部被浓烟烈火封锁时,可先利用结实的绳子,或将窗帘、床单、被褥等撕成条,拧成绳,用水沾湿,然后将其拴在牢固的暖气管道、窗框、床架上,被困人员逐个顺绳索沿墙缓慢滑到地面或下到未着火的楼层而脱离险境。

(8)低层跳离法:被火困在二层楼下的人如果没有条件采取其他自救方法并得不到救助的话,在万不得已的情况下,也可以采用跳楼逃生的方法。但在跳楼之前,应先向地面扔些棉被、床垫、大衣等柔软物品,以便“软着陆”。然后用手扒住窗台,身体下垂,头上脚下,自然下滑,以降低跳落高度,并使双脚首先落在柔软物上以减少下落时的冲击力。如果是被困在三层以上的高层内,则千万不要急于跳楼,因为距地面太高,若向下跳就容易造成重伤和死亡。但凡只要有一线生机,就不要冒险跳楼。

第五章　规避交通事故伤害

第一节　交通安全常识

交通安全,涉及所有的社会人,只要有路、有车,就有交通安全的问题,所以,交通安全是一个涉及社会所有公民、永恒的、最广泛的论题。交通安全,是一个社会和谐发展,文明程度的集中表现,是公民文化素质的集中体现。安全是一种意识,是一种习惯,是对无数交通事故发生之后的教训总结,是为了防患交通事故而以法律的形式加以规范人们交通行为的一种强制措施。一些交通安全谚语,就充分展示了交通事故血的教训。譬如,十次事故九次快,思想麻痹事故来;驾驶人一杯酒,亲人两行泪。

遵守交通规则,是安全的基本保证,是交通参与者安全的基本要求,法律明确规定,违反交通安全法,就必须接受处罚。驾驶人要被记分,严重的违法要拘留、扣证直至追究刑事责任,对人们的交通行为进行规范,是减少交通事故,防患于未然的需要,需要大家的理解和支持。

一、行人的规则,安全通行的要点

1.走人行道,责任他负

走在人行道上是保证安全的最基本的要求。在城市,一般都设有人行道,有人行道的要走人行道;在这个区域发生的交通事故,行人基本不负责任,机动车、非机动车与人在人行道上发生事故,要负全部的赔偿责任。

2.借道通行,责任自负

在没有划出人行道的地段,要求行人都靠路边通行,距路边一般不超过70cm,必要时,要靠路边站立,让机动车优先通行。在横穿道路找不到斑马线时,要在确保安全的情况下,借道通行。借道通行发生事故责任在借道行人,要负90%以上的责任。因此,在没有人行道的地方通行,必要的借道通行先要对交通情况做出判断,在不安全的条件下,是绝对不可冒险通过的。

3.红灯是禁止通行标志

在行驶机动车的时间段,人行横道灯亮起时,行人禁止进入人行横道。如果行人不遵守规定,行往人行横道,引发安全事故,行人则应负安全责任。

二、行人交通事故应急要点

(1)行人与机动车发生事故后,应立即报警,并记下肇事车辆的车牌号,等候交通警察前来处理。

(2)行人一旦被机动车严重撞伤,驾车人应立即拨打110、122报警,并拨打120求助,同时检查伤者的受伤部位,并采取初步的救护措施,如止血、包扎或固定。应注意保持伤者呼吸通畅。如果呼吸和心跳停止,应立即用心肺复苏法抢救。

(3)行人与非机动车发生交通事故后,在不能自行协商解决的情况下,应立即报警。

(4)发生重大交通事故时,伤者很可能会有脊椎骨折,这时千万不要翻动伤者。如果不能判断发生脊椎是否骨折,也应该按发生脊椎骨折处理。

三、自驾游安全驾驶要点

(1)遵守道路交通规则:不超速,不超载,不疲劳驾车,不酒后驾车。

(2)养成良好的习惯:不喝酒、不吸烟、不接听手机、不攀谈、扎好安全带、照顾好儿童。

(3)给对方让出空间:不贴前、不尾随,并确保后空间要充足。

(4)与车流同行:减少超车。

(5)放松心态:宽容,无急躁、有耐心,不负气驾车。

(6)熟悉路线、路况:生疏地段要使用导航或找熟人带路。

第二节　交通事故成因

我国的道路交通事故频发的主要原因,归纳起来主要有以下几个方面:

(1)驾驶技术拙劣。

(2)无视交通法规的存在。

(3)行人交通安全意识淡漠。

(4)交通管理的水平还有待提高。

(5)交通道路设计不合理。

各种因素混在一起,是我国的交通事故发生居于世界之首的原因。校园作为社会的一部分存在交通问题的普遍性和其自身的特殊性。

一、校园内的交通局限

对于新入校的大学生,刚离开父母,安全意识一般相对较差,很容易忽视校园交通安全,认为校园内不容易发生交通事故,思想上处于放松的状态。事实上,校园内往往都存在一定的安全隐患。原因如下:

(1)路面窄、弯道多。

(2)不同的时间和地点,人流量和车流量不均衡。例如上下课高峰期交通流量较大;开学时期和放假时候明显出现人流量和车流量聚集的状况;大型聚会或文体活动结束,交通秩序易发生混乱;食堂、主教楼等特殊地点周围路段人流量和车流量都相对较大。

(3)校际交流、交往相对频繁,外校教师或学生不熟悉本校的交通线路。

(4)交通安全设施配套相对滞后，无专职交通管理人员。

二、学生的交通安全意识淡漠

这些安全隐患的存在，如果学生在思想和行动上不予以高度重视，就会导致校园交通事故的发生。而常见的校园交通事故有：

(1)在校园内行走时注意力不集中。一些学生边走路边看书或者听音乐，甚至边走路，边低头摆弄手机。一些学生甚至会在道路上嬉戏打闹，引发与机动车或者行人相撞事故。

(2)在校园道路上运动。大学生作为年轻人，活泼好动，在校园道路上踢球、拍球，无视交通秩序，极易引发摔倒或者被撞受伤。某高校两位学生在操场上踢完球后，余兴未尽，在回宿舍的路上还在边跑边互相传球，此时，正好驶过一辆摩托车，驾驶人来不及躲闪，撞向其中一名学生，造成其右小腿骨折。

(3)骑车过快或驾车过快。校园内，宿舍、教室、图书馆之间的距离一般较远，不少学生买了自行车、电动车，甚至有的同学买了汽车，认为校园内没有红绿灯，骑车或驾车的速度就可以随意，从而发生行人被撞伤，甚至死亡的事故。

(4)一些外来车辆在校园内行驶过快，有时会造成人员伤亡的事故。

(5)校内职工、学生数量相对集中，造成校内车流人流交汇。

第三节　交通事故的预防

尽管生活中一些意外灾祸是难以避免的，但是通过增强安全意识，一些意外还是可以避免的。

一、行走时的交通事故预防

行人在道路交通中应自觉遵守道路交通管理法规，增强自我保护和现代交通意识,掌握行人交通安全规律才能有效防止交通事故的发生。

(1)行人要走人行道,没有人行道的靠路边行走。

(2)横穿车行道时须走人行横道;有交通信号控制的人行横道,应做到红灯停、绿灯行;遇到没有交通信号控制的人行横道,须注意来往的车辆,不要急停猛跑;设有人行过街天桥或地道的须走人行过街天桥或地道。

(3)横穿没有人行横道的车行道时,须认真观察,应优先让车辆先行不要在车辆临近时强行横穿。

(4)横穿没有设置人行横道的道路时须直行通过,不要图方便走捷径,或在车前车后乱穿道路。

(5)不要在道路上强行拦车、追车、扒车或朝行驶的车辆抛物。

(6)不要在道路上玩耍、坐卧,或从事其他妨碍交通的行为。

(7)不要钻越、跨越人行护栏或道路隔离设施。

(8)不要进入高速公路、高架道路或者有人行隔离设施的机动车专用道。

(9)穿行居民区、胡同时,要注意观察居民住户窗户上摆放的物品,还要注意是否有人在活动,从正在施工的建筑物旁经过要注意建筑物施工场所是否有安全标志线和安全设施,尽量避免从工地上直接穿过。

(10)夜间外出尽量选择有路灯的道路行走。在没有路灯的情况下尽量使用照明工具,注意观察路边的下水沟和排水井,注意路边停放的车辆是否要起起动、是否有非机动车辆往来,特别是在混合道上通过时,不要匆忙,注意车辆。

(11)雨雪天出行,要注意观察路面和周围的环境,如路边的变压器、供电线路及郊区高压线路;路边有无高大树木,有无电缆通过等,这些环境下都是极易发生危险的。

二、乘坐交通工具时交通事故的预防

生活中，人们都离不开交通工具，然而便利的交通工具在给人们的生活带来方便的同时，也潜藏着危险。特别是城市里，人流量较大，车辆来往较多，人车拥挤，在这种情况下更应该增强安全意识，提高出行的自我保护意识和交通安全防范能力。

(1)乘坐汽车时的注意事项包括：

①乘车购票时，需要到运输部门指定的客运售票处购票，问明乘车地点按时进站，不要从路边拉客的或票贩手里购买，特别是节假日人流高峰期，以防被票贩子欺诈和骗子坑害；若是中途搭车，须向驾驶员或售票员索要车票。

②乘车时应在指定站台或指定地点排队候车，待车停稳后，先下后上，不可以超越安全候车线。下车后不要因急于赶路在车的前后乱窜或猛跑横穿公路。无人行道时要等车辆驶过后，看清左右情况后安全通过。

③乘坐出租车时，应当在规定的出租车停靠站候车。若无出租车专用停靠站的地方或城市，选择在道路宽阔、视线好的地方候车，不要在车行道上或交叉路口处招呼出租车。不要乘坐无经营许可证路边拉客的“黑车”。如若坐到前排副驾驶位置，要系好安全带。

④车辆行驶中，乘车人不要和驾驶人攀谈，不应催驾驶人开快车，或用其他方式妨碍驾驶人正常驾驶。车辆进行中，抓牢扶手或椅背，避免汽车起动或制动时的惯性或意外情况发生时带来伤害。不要将身体的任何部位伸出车外，更不能跳车。不要在车内吸烟、吃零食，以免在会车、避让或颠簸时发生意外。

⑤乘坐长途汽车，上车后要将行李物品安置好，以防途中散落伤人。中途停车休息和用餐时关好车窗，记好车牌号，按时上车。如在中途搭车注意车辆停稳后再上车。

⑥外出时注意乘车时周围的乘客群体，切忌露财。路途中人

员复杂,不要轻信他人。不得跟随他人出走;不要随意购买一些陌生人提供的贵重物品,不要吃陌生人给的饮料或其他食物,也不要参与乘客中带赌博性质的游戏。

(2)乘坐火车时的注意事项:

火车因有其独特的优势,成为人们长途外出或旅行的主要交通工具,如载客量大、费用低,不受天气影响,发行时刻固定,开车时间准确等。所以大多数学生会选择火车出行,但也要注意以下问题:

①进入火车站上车时,应走规定的检票口,通过天桥或地道,不可穿行铁路、钻车或跳车。

②上车前后避免拥挤。上车时和开车前,站台上及车厢内人多拥挤,此时旅客的注意力大都集中在办理上车手续、寻找车厢和座位上,容易忽略了自己的行李及口袋内的手机和钱包。因此,旅客进站上车时要听从工作人员指挥,有序排队进站上车,避免互相拥挤给小偷制造机会。

③中途停车要看住行李。一些职业扒手会假扮旅客,携带简单行李,买一张短途火车票,混入车厢中,伺机作案,得手后下车逃脱。因此,列车停车前,要特别注意看管好自己的行李物品,防止别的下车旅客拿错行李和小偷趁乱行窃。

④尽量不下车购物。列车沿途一些停靠站一般都不是封闭式车站,从而可能会有小偷在站台上趁旅客下车购物时盗窃旅客随身携带的物品。因此,列车中途停站后旅客应尽量不下车,如需下车购物时要多加小心。

⑤警惕有人频翻行李。一些不法分子会携带大行李袋或与旅客相同的行李袋上车,并放在一起,在旅途中频频翻动行李架上的行李,顺势翻动旅客行李进行盗窃。因此,旅客上车摆放行李时要避免形状与颜色相同的行李放在一起以免下车时拿错。

⑥夜间休息别忘行李。当列车进入夜间行车时,长途行驶的硬座车厢旅客往往会很疲倦,打起瞌睡。这时不法分子往往会借

机行事,找机会下手。若是与亲友同行,应分时轮换休息,至少留有一人看护行李。如单身旅行,可与同座位的旅客互相轮换。

⑦防人之心不可缺少。一些不法分子会利用“老乡”、“同行”等借口主动搭讪,或主动赠送食品及物品,在人们放松警惕时实施诈骗和盗窃。旅途中,不要将自己的行李物品交给不认识或认识不久的人看管。不要食用或饮用不认识或认识不久的人赠送的食品或饮料。

⑧手机千万不要外借人使用,或被外人翻看。已经发生多起有人先佯装借手机使用或欣赏手机,记住电话号码,然后打电话谎称生病,要汇钱到指定账户实施诈骗。

(3)乘坐飞机时的注意事项:

①登机前,随身携带的一切行李物品,必须接受机场安检部门的安全检查。

②务必在飞机起飞前的半小时办好登机手续,因此,应视交通状况和距机场路途远近提前到机场,特别是在黄金周、春运等交通繁忙期间更应提早到达机场。

③登记后按所购机票的机舱类别、座位号就座,喜欢靠窗户座位的可以在换登机牌时让办理人员安排。随身物品一般应放到头顶上方的行李柜内,有的物品也可以放到座位下边,但注意不要把物品堆放在安全门或出入通道上。在飞机上,除了上厕所等一些必要的活动外,一般要留在座位上,不要随意走动。不要接近驾驶舱。

④大件行李切勿随身携带上飞机,要尽量托运。携带水果刀时最好放在行李中托运,否则可能会被没收。另外,小动物不允许被带上飞机,要托运也要有检疫证明,手续比较麻烦。盆栽植物、花卉等是可以带上飞机的。

⑤熟记空中乘务员所做的飞行安全示范,注意聆听乘务员的讲解的飞行安全须知。从飞机起飞到降落,全程关闭手机、手提电脑等电子设备,以免影响飞机电子导航系统,引发事故。

⑥托运的凭证一般贴在机票上，到达目的地并取出行李后，会有工作人员检查托运凭证和行李上的标签是否相对应。注意不要错拿别人的行李。

(4)乘坐轮船时的注意事项：

①不夹带危险物品上船。

②不要乘坐缺乏救护设施、无证经营的小船，也不要冒险乘坐超载的船只或者"三无"船只(没有船名、没有船籍港、没有船舶证书)。

③上下船时，必须等船靠稳，待工作人员安放好上下船的跳板后方可行动；上下船时不要拥挤，不得随意攀爬船杆，不跨越船挡，以免发生意外落水事故。

④上船后，要仔细阅读紧急疏散示意图，了解存放救生衣的位置，熟悉穿戴程序和方法，留意观察和识别安全出口处，以便在出现意外时掌握自救主动权。同时按船票所规定的舱位或地点休息和存放行李，行李不要乱放，尤其不能放在阻塞通道和靠近水源的地方。

⑤客船航行时不要在船上嬉闹，不要紧靠船边摄影，也不要站在甲板边缘向下看波浪，以防眩晕或失足落水；观景时切莫一窝蜂地拥向船的一侧，以防船体倾斜，发生意外。

(5)乘坐轻轨(地铁)时的注意事项：

①乘坐轻轨时首先要在轻轨站口或售票处查看线路图，弄清楚轻轨行进的方向，认清自己所在的位置和目的地站名。进站后车票仍要保管好，不能丢弃。

②需要换乘时，要注意收听到站提示，以免错过换乘站，车辆往返线路有可能会不同，有可能去程只换乘一次，返程却需要换乘两次。

③车门关闭时，不要强行上车，注意不要让随身物品接近正在关闭的车门，以防被正在关闭的车门夹住而发生意外。

④出站时，认清不同的出站口，以免走错出口。

第四节 交通事故的处理

一、行走时发生交通事故的处置方法

(1)若与机动车发生事故,应立即拨打122报警,并记下肇事车辆的车牌号,等候交通警察来处理;发生事故有受伤的,伤势不重时注意检查受伤部位,并采取初步的救护措施;如若受伤严重,赶快拨打110或120急救电话。

(2)与非机动车辆发生事故后,双方情绪要保持克制,及时检查伤情。伤情不重需要赔偿的尽量通过协商解决。不能协商解决的,应立即报警。如果伤者伤势较重,应求助他人迅速将伤者送往附近医院检查救治或拨打120求助。

(3)居民区发生高空坠物伤害事故后,首先要注意观察是否有物体继续下落,并迅速转移到安全地;然后检查伤者受伤情况,采取初步的救护措施,同时报警求救,保护好现场,以便相关部门调查取证和处理。

(4)发生坠入窨井事故后,首先应观察井下情况,是否有积水和有异味,并与落井者保持联系。如落井者无严重受伤,意识正常,可求助他人就地取材开展营救;如发现意识不正常,不能擅自下井营救,以免发生中毒,应立即报警求救,请专业人员开展救援工作。

二、乘坐交通工具时发生交通事故的处置方法

(1)当车、船、轻轨(地铁)、飞机任何一种交通工具发生事故后,保持冷静的头脑,对事态发展做出正确判断是提高生存能力的前提。日常生活中的积累与安全防范、危机意识的养成有助于在危机时刻安全逃生。

(2)行车途中一旦意识到车祸即将发生时,应双臂夹胸、手抱

头部并躺下,或抓紧车内拉手或座椅铁腿,并双脚用力向外蹬,以免车祸发生时使人翻滚或摔出车外。除非车辆即将冲出悬崖,否则不要从疾驶的车辆中跳车。车辆停住后,要保持镇定,查明身边情况从车门窗爬出。

(3)如果车辆落入水中,车是不会立即沉没的,但由于水的压力作用会使车门很难打开,此时不要惊慌,选择好逃生路径,深呼吸憋足气猛力推开车门或击碎车玻璃,设法在车辆沉没前逃离。

(4)行车途中发生车辆起火后,不要叫嚷和乱动,以免有毒气体进入体内;用衣服蒙住口鼻,打开车窗跳出逃生。如果身上起火又无水源的情况下,应用衣服拍打或就地打滚,以隔离空气迅速灭火。

(5)轻轨(地铁)中发生火灾后,不要乱跑,在浓烟中由于视线不清易发生相互踩踏,要注意观察火源,顺着远离火源的方向寻找最近的出口逃离,用衣服、毛巾等捂住鼻孔,低头弯腰前行。

(6)乘船航行中发生意外事故,不要慌乱,按船员的要求穿好救生衣,也不要乱跑,以免影响客船的平衡。听从船员指挥依次离船,如紧急情况下须弃船逃离时,系紧救生衣,迎风跳离,双臂交叉于胸前,按住救生衣,身体垂直入水。

(7)乘飞机飞行途中遇故障或紧急迫降时,应听从乘务员的指挥,系紧安全带双手抱头,下颚贴紧胸部,或与邻座相互依靠抓紧,以防撞击。飞机停稳后,按照乘务员的要求从紧急通道迅速撤离。

第六章 避免人身伤害

第一节 防家教陷阱

以请家教为名引诱大学生特别是女大学生上钩是不法分子惯用伎俩,但这种伎俩为何屡屡奏效呢?目前家教市场竞争越来越激烈,找到一份合适的家教已不太容易,所以,大学生们找家教时往往不加选择。女大学生在体力上不具备优势,再加上她们涉世不深,对不法分子的警惕性不高,往往认为每个人都是好人。所以,在进入家教市场时,很容易成为不法分子“猎取”的目标。那么大学生做家教如何做好自我保护、避免遭到不法侵害呢?

(1)要记住安全第一。在找家教工作的过程中,时刻牢记安全第一,绝对不能因求职心切而忽略了安全问题。同时,对那些已有多次家教经验的大学生来说,也绝对不能放松自我保护和安全防范意识,因为街头找工作随意性太大,谁也不能确定自己遇到的下一个雇主,是好人还是心怀不轨的人。要记住,很多看上去像是很憨厚老实的人,未必就真的是好人。一定要常常提醒自己,安全是最重要的。

(2)要通过中介机构。最好通过正规中介组织求职。另外,通过亲属、老师和同学介绍做家教,也相对比较可靠。

(3)要固定家教时间。辅导时间相对固定,没有特殊情况不要随意改动。辅导时间不宜过晚,应尽可能将家庭辅导时间安排在周六、周日的白天,或平常自己没有晚课和学生放学较早的时间段,尽量选择距离学校较近的家庭做家教。

(4)要告知自己的行踪。在首次进行家庭辅导时,最好约上同学陪同前往。同时最好在到达担任家教的家庭后,给同学打个电话,这样一方面可以让同学知道自己的行踪,另一方面即使遇到心怀恶意的人,也可以通过这个方法让对方有所忌惮。

另外,要将自己担任家教期间的外出辅导行程表和时间表告知同寝室的人,让要好的同学掌握,以防万一。

第二节　预防小纠纷酿成的大事故

同学之间难免会出现一些小的问题或纠纷,通常都会被认为这不算什么,但是对于一些小隐患小细节却疏于管理和防范,认为问题不大,不会出什么大事,或者对一些细小的违章违纪行为不以为然,麻痹大意,习惯成自然,最终酿成大祸。

这不由让人想起所谓著名的“蝴蝶效应”:在一个动力系统中,初始条件下微小的变化能带动整个系统长期的巨大的连锁反应。“一只蝴蝶在巴西轻拍翅膀,可以导致一个月后得克萨斯州的一场龙卷风。”此效应说明,事物发展的结果,对初始条件具有极为敏感的依赖性,初始条件的极小偏差经过不断放大,将会引起结果的极大差异。

“蝴蝶效应”表明,对一个细节的疏忽就有可能引发极大的不良后果。在人与人相处的过程中,一个小隐患、一次小摩擦、一处小漏洞,如果得不到及时处理和纠正,就会不断放大,也许最终会引发事故,威胁个体的生命安全与健康,给学校、家庭、社会带来大的危害。反之,只要正确引导,积极治理,将会产生联动效应,不断向好的方面发展。

在遇到人与人之间的纠纷,不管是同学之间,还是和其他社会成员之间,首先要冷静下来,想一想矛盾发生的前因后果,看一看这里边有没有误会,可以找其他同学了解一下,或直接找这位同学平心静气地谈谈,也许两个人的矛盾一下就化解了,化解矛盾是一件多么快乐的事啊！具体而言:

(1)学会心理换位。大学生在人际交往上具有这样一种心理特征:他们一方面渴望得到别人的理解,同时又很少主动地去理解别人,总是喜欢从自己的角度看待问题,只是想自己受了什么委屈,全然不顾别人的感受。同学之间发生矛盾时,双方都要学会心理换位,设身处地进行体验和思考,这样有助于理解对方,减少误会。从而学会认识自身欠缺,主动与他人协作,在更高层次上恢复心理平衡。

(2)用理智战胜情感的冲动。“退一步海阔天空,忍一时风平浪静”。在与同学发生争执时,不要一时昏了头脑,不吵个脸红脖子粗决不罢休,或许在你退一步之后,这场争吵便停止了。不要认为在这个过程中自己让一步就是惧怕,是退缩,是没有本事的表现;相反,从你忍让的那一时刻起,你周围的人就会为你的行为送出无声的赞叹:你是一个不拘小节,心胸开阔的人。矛盾一旦发展到僵持的时候,就应该通过正确的途径,寻求老师、家长、学校的帮助,使矛盾能从危机中得到化解,这就平常所说的“退一步,海阔天高”。

(3)心平气和地交谈。矛盾发展到一触即发的时候,矛盾的双方仍要保持克制,避免激化矛盾出现冲突。克制是一种自我控制和调控的心理行为,是只有像人类这样的高级动物才拥有的品质。遏制矛盾进一步深化的处理办法就是静下心来与对方交谈,一方先心平气和之后,另一方也不好意思再争吵下去,当发生矛盾时,重要的是矛盾的双方都要保持冷静。俗话说,一个巴掌拍不响就是这个道理,冷静是处理矛盾的最佳方式。冷静会使人们变得理智,冷静可化解一切矛盾,从矛盾之中解脱出来。静下心来分析,要多剖析自己,想一想事情的经过。如果错在自己,要敢于承认,勇于道歉,取得对方的谅解。这样做不是“没面子”,而是在挣回面子。如果错在对方,也没必要非要扭着劲等对方来道歉,应该大度一点。想想看,同学之间与其每天都别别扭扭地在一起学习生活,倒不如尽快将矛盾化解,每天开开心心快快乐乐地在一起学习生活。同学关系应该是社会上最纯洁的人际关系,只是都碍着面子,谁也不愿意第一个道歉罢了。这时谁抢先大度一下,是不是会让对方很佩服呢。

第三节　防滋扰伤害

对大学生来说,滋扰,从广义上讲,是指学校外部人员无视国家法律和社会公德而寻衅滋事、结伙斗殴、扰乱社会秩序等行为。从狭义上讲,滋扰主要是指对校园秩序的破坏扰乱,对大学生无端挑衅、侵犯乃至伤害的行为。滋扰是一个涉及学生、家庭、社会等诸多方面的复杂因素交错的社会问题,大学生必须提高警惕,尽力预防和制止外部滋扰,以保证学校教学、科研和生活正常有序地进行。

一、大学生受外部滋扰的常见形式

(1)校外的某些不法青少年会通过多种途径与一些在校大学生交往,一旦发生矛盾或产生纠葛,便会有目的地入校寻衅滋事、伺机报复。

(2)社会上的不法青年,在游泳、沐浴、购物、看电影、参加舞会、观看比赛,甚至走路等过程中,与在校大学生产生矛盾,甚至爆发冲突。

(3)校外的不法青年,专门尾随女学生或有目的地到学生宿舍、教室等处污辱、骚扰、调戏女生,甚至对女学生动手动脚,使女大学生受到伤害。

(4)校外的青少年犯罪团伙邀约到校园内斗殴滋事,从而殃及围观或路过的大学生。

(5)外来人员或某些法纪观念淡薄的教职工子女与学生争抢活动场地,从而引发矛盾和冲突。

(6)校外的一些游手好闲的青少年,把学校变为玩乐场所,在校园内游逛,或故意出怪声、漫骂、吵吵嚷嚷,或有意扰乱学校正常教学生活秩序,以搅得“鸡犬不宁”为乐,旁若无人、不可一世,似乎“老子天下第一”。大学生与这类人员发生正面冲突的可能性很大。

(7)有的不法青年喜欢电话滋扰,在师生休息的时间不停地拨打电话,然后谈天说地,或者口吐污言秽语,以搅得别人不能入睡为乐。

(8)少数无赖之徒,千方百计地打听异性大学生的姓名及联系方式,然后不停地给其写信,不是低级庸俗的谈情说爱和造谣中伤,就是莫明其妙的恐吓和威胁,甚至敲诈勒索,从而造成受害人在精神上非常痛苦,这即是信件滋扰。

二、大学生应当怎样对待外部滋扰

寻衅滋事是一种犯罪行为,在校园内故意起哄、强要强夺、无理取闹、追逐女学生等流氓行为,不仅直接危害师生员工的人身和财产安全,而且还会破坏整个校园的正常秩序。对此,除学校有关职能部门和公安机关等会组织力量防范和打击外,遇有流氓滋事,学校教师和学生都有义务进行抵制和制止。只要有人挺身而出,发动周围的师生共同制止,流氓即使人多势众也不能不有所收敛。一般情况下,在校园内遇有流氓滋事,在确保自身安全的前提下,一方面要敢于出面制止或将流氓分子扭送有关部门,或及时向学校保卫部门报案,或打“110”电话报警,以便及时抓获犯罪嫌疑人,予以惩办;另一方面,要加强自身的修养,冷静处置,不因小事而招惹是非,积极慎重地同外部滋扰这一丑恶现象做斗争是义不容辞的责任。具体地说,大学生在遇到流氓滋事时,应注意把握以下几点。

(1)提高警惕,做好准备,正确看待,慎重处置。面对违法青少年挑起的流氓滋扰,千万不要惊慌而要正确对待。要问清缘由、弄清是非,既不畏惧退缩、避而远之,也不随便动手,一味蛮干,而应晓之以理,以礼待人,妥善处置。

(2)充分依靠组织和集体的力量,积极干预和制止违法犯罪行为。如发现流氓滋扰事件,要及时向学校有关部门报告,一旦出现公开侮辱,殴打学生等恶性事件,要敢于见义勇为、挺身而出,积极地加以揭露和制止。要注意团结和发动周围的群众,以对滋事者形成压力,迫使其终止违法犯罪行为,那些成群结伙,凶狠残忍的滋事者,总想趁乱一哄而上,为非作歹,只有依靠群众,依靠集体的力量才能有效地制止其违法行为。

(3)注意策略,讲究效果,避免纠缠,防止事态扩大。在许多场合,滋事者显得愚昧而盲目、固执而无赖,有时仅有挑逗性的言语和动作,叫人可气可恼而又抓不到有效证据。遇到这种情况,一定要冷静,注意讲究策略和方法,一方面及时报告并协助有关部门进行处理;另一方面采取正面对其劝告的方法,注意避免纠缠,目的就是避免事态扩大和免得把自己与无赖之徒置于等同地位。

自觉运用法律武器保护他人和保护自己。面对流氓滋扰事件,既要坚持以说理为主,不要轻易动手,同时又要注意留心观察、掌握证据。比如,有哪些人在场,谁先动手,持何凶器,滋事者有哪些重要特征,案件大致的经过是怎样的,现场状况如何,滋事者使用何种器械、有何证件,毁坏的衣物和设施是什么,地面留有什么痕迹,等等。这些证据,对查处流氓滋事者是很有帮助的。

大学生除积极防范和制止发生在校园内的滋扰事件外,更应加强自身修养,不断提高自己的综合素质,严格要求自己,决不能染上流氓恶习而成为滋事者。

第四节　防范校外租房风险

大学生校外租房利弊分析如下:

1.利

(1)有利于灵活安排作息时间。校外租房使得大学生不会再因为学校宿舍的各种制度而受到制约。同时,也不必担心早出晚归或看书学习影响室友休息,有完全属于自己、独立的、最大化的自由空间。

(2)有利于减少同学之间的误会、摩擦,避免矛盾。因与室友相处不和在校外租房的学生中占有一部分比例。在校外生活,确实减少了在生活上与同学正面发生冲突的可能。

(3)有利于增强独立生活的能力。在校外生活要学会照顾好自己的衣食起居,缴纳水电费、疏通下水道等的生活琐事都需要自己处理,不像住在宿舍,一切都有学校相关管理人员负责。

2.弊

(1)不利于人际交往。校外租房最典型的就是独居,长期与班集体脱离联系,缺少与同学碰面的机会,自然不利于正常的人际交往。而人际交往是现代生活的重要组成部分,有助于在集体中正确定位自己,学会与人相处,完善自身的性格。

(2)金钱和时间上的投入较大。校外租房不会像学校宿舍那样经济实惠,房租和水电费等都是一笔不小的开支。学生在学校和住处之间往返奔波,时间上的花费也远比住校生大得多。

(3)安全没有保障,存在隐患。学校宿舍每栋楼会有一名宿舍管理员,还装有电子摄像头,一定程度上保障了学生的安全。如果是单独租房,要更加注意小区的安保状况。如果是合租的话,选择合租人也是一个问题,选择不当,合租人也是一种风险。

由于刚进大学自我防范意识还比较弱,社会经历不足,常常会忽视一些细节,比如一次忘记关窗就会给不法分子有可乘之机。在外租房时应注意以下事项:

①必须先考察所租房屋是否存在安全隐患。

②应有家长或监护人负责生活、学习、安全及其他事情。

③加强思想品德及行为习惯修养,抵御不良习俗的影响。

④随时注意用电、用气、用火等安全。

⑤随时注意饮食卫生等方面的安全。

⑥校外租房不携带、不储藏危险物品。

⑦提高安全防范意识,不轻易相信陌生人,不轻易跟不认识的人走。

⑧学习一些常用的在危险情况下的自救知识。

除此之外,大学生校外租房还需注意:

①错开春节后、暑期六月底、七月初高峰时段,租金费用相对低一些,房源相对多一些。

②在租房网站找房子最方便,但要仔细辨别信息真假。

③看房时选在白天,最好和同伴一起去。

④了解房东查看证件。明确房东的主体资格,保护自身的利益。若房东为产权人的,应当查看房东出具的房地产权证及身份证件;若为转租的,应当查看“二房东”出示的上手租赁合同,并要求对方提供房地产权证,上手租赁合同中应明确转租人在租赁期间有转租权。

⑤在看房时,要仔细检查家电的正常运行情况、家具的完好程度等。最好是先清点所租房屋中的家具,然后填写家具清单,清单中简要列举出租人为承租人准备的家具、家用电器、厨房设备和卫生间设备,并于交房时一一进行清点。入住前,最好再检查一遍屋内有无安全隐患。

⑥签订房屋租赁合同,明确双方的权利和义务。押金和房租等交给房东时要索要收据并保管好。

大学生追求更多自由空间、在校外租房无可厚非,但一定要综合考虑自身的经济条件、自立能力等各方面因素,做出有利于自己大学生活规划的决定。如果在校外租房,要时刻注意安全,保护好自己,让这段经历成为成长路上的精彩历程。

第五节 防性骚扰性侵害

一般认为,只要是一方通过语言的或形体的有关性内容的侵犯或暗示,从而给另一方造成心理上的反感、压抑和恐慌的,都可构成性骚扰。性侵害,主要是指在性方面造成的对受害人的伤害。性骚扰和性侵害是危害大学生身心健康的主要问题之一。由于两性的社会地位和角色不同,相对而言,性骚扰和性侵害的对象常以女性为多。因此,女大学生了解一些性侵害和性骚扰的基本情况、掌握一些基本应对方法,是很有必要的。

一、性骚扰侵害的主要形式

1.暴力型性侵害

暴力型性侵害,是指犯罪分子使用暴力和野蛮的手段,如携带凶器威胁、劫持女学生,或以暴力威胁加之言语恐吓,从而对女学生实施强奸、轮奸或调戏、猥亵等。暴力型性侵害的特点如下:

(1)手段残暴:当性犯罪者进行性侵害时,必然受到被害者的本能抵抗,所以很多性犯罪者往往要施行暴力且手段野蛮和凶残,以此来达到自己的犯罪目的。

(2)行为无耻:为达到侵害女大学生的目的,犯罪者往往会厚颜无耻地不择手段,比禽兽还疯狂地任意摧残凌辱受害者。

(3)群体性:犯罪分子常采用群体性纠缠方式对女学生进行性侵害。这是因为,人多势众,容易制服被害人的反抗而达到目的;还会使原来单个不敢作案的罪犯变得胆大妄为,这种形式危害极大。

(4)容易诱发其他犯罪:性犯罪的同时又常会诱发其他犯罪,如财色兼收、杀人灭口、争风吃醋、聚众斗殴等恶性事件。

2.胁迫型性侵害

胁迫型性侵害,是指利用自己的权势,地位、职务之便,对有求于自己的受害人加以利诱或威胁,从而强迫受害人与其发生非暴力型的性行为。其特点如下:

(1)利用职务之便或乘人之危而迫使受害人就范。

(2)设置圈套,引诱受害人上钩。

(3)利用过错或隐私要挟受害人。

3.社交型性侵害

社交型性侵害,是指在自己的生活圈子里发生的性侵害,与受害人约会的大多是熟人、同学、同乡,甚至是男女朋友。社交型性侵害又被称为“熟人强奸”“社交性强奸”“沉默强奸”“酒后强奸”等。受害人身心受到伤害以后,往往出于各种考虑而不敢加以揭发。

4.诱惑型性侵害

诱惑型性侵害,是指利用受害人追求享乐、贪图钱财的心理,诱惑受害人而使其受到的性侵害。

5.滋扰型性侵害

滋扰型性侵害的主要形式为:

(1)利用靠近女生的机会,有意识地接触女生的胸部,摸、捏其躯体和大腿等处;在公共汽车、商店等公共场所有意识地挤碰女生等。

(2)暴露生殖器等变态式性滋扰。

(3)向女生寻衅滋事,无理纠缠,用污言秽语进行挑逗,或者做出下流举动对女生进行调戏、侮辱,甚至可能发展成为集体轮奸。

二、容易遭受性骚扰性侵害的时间和场所

夏天,是女大学生容易遭受性侵害的季节。夏天天气炎热,夜生活时间延长,外出机会增多。夏季校园内绿树成荫,罪犯作案后容易藏身或逃脱。同时,由于夏季气温比较高,女生衣着单薄,裸露部分较多,因而对异性的刺激增多。

夜晚,是女大学生容易遭受性侵害的时间。这是因为,夜间光线暗,犯罪分子作案时不容易被人发现。所以,在夜间女大学生应尽量减少外出。

公共场所和僻静处所,是女生容易遭受性侵害的地方。这是因为,公共场所如教室、礼堂、舞池、溜冰场、游泳池、车站、码头、影

院、宿舍、实验室等场所人多拥挤时，不法分子常乘机袭击女生；僻静之处如公园假山、树林深处、夹道小巷、楼顶晒台、没有路灯的街道楼边，尚未交付使用的新建筑物内，下班后的电梯内，无人居住的小屋、陋室、茅棚等，若女生单独逗留，很容易遭受到流氓袭击。所以，女生最好不要单独行走或逗留在上述地方。

三、积极防范以避免发生性骚扰性侵害

1.筑起思想防线，提高识别能力

女大学生特别应当消除贪图小便宜的心理——对一般异性的馈赠和邀请应婉言拒绝，以免因小失大。谨慎待人处事——对于不相识的异性，不要随便说出自己的真实情况，对自己特别热情的异性，不管是否相识都要倍加注意。一旦发现某异性对自己不怀好意，甚至动手动脚或有越轨行为，一定要严厉拒绝、大胆反抗，并及时向学校保卫部门报告，以便及时加以制止。

2.行为端正，态度明朗

如果自身行为端正，坏人便无机可乘。如果自己态度明朗，对方则会打消念头，不再有任何企图。如果自己态度暧昧，模棱两可，对方就会增加幻想、继续幻想，继续纠缠。在拒绝对方的要求时，要讲明道理，耐心说服，一般不宜嘲笑挖苦。中止恋爱关系后，若对方仍然是同学、同事，不能结怨成仇人，在节制不必要往来的同时仍可保持一般正常往来关系。参加社交活动与异性单独交往时，要理智地有节制地把握好自己，尤其应注意不能过量饮酒。

3.学会用法律保护自己

对于那些失去理智、纠缠不放的无赖或违法犯罪分子，同学们千万不要惧怕他们的要挟和讹诈，也不要怕他们打击报复。要大胆揭发其阴谋或罪行，及时向领导和老师报告，学会依靠组织和运用法律武器保护自己。千万不能“私了”，“私了”的结果常会使犯罪分子得寸进尺，没完没了。

4.学点防身术,提高自我防范的有效性

一般女性的体力均弱于男性,防身时要把握时机,出奇制胜,狠准快地出击其要害部位,即使不能制服对方,也可制造逃离险境的机会。人的身体各部位都可以用来进行自卫反击,头的前部和后部可用来顶撞,拳头、手指可进行攻击,肘朝背部猛击是最强有力的反抗,用膝盖对脸和腹股沟猛击相当有效果,用脚前掌飞快踢对方胫骨、膝盖和阴部非常有效……同时,要注意设法在案犯身上留下印记或痕迹,以备追查、辨认案犯时做证据。

第六节　防被困电梯自救不当的伤害

首先,让我们来了解一下电梯出现故障时的运作程序。从电梯的构造上来说,电梯的安全部件分为四个部分:安全电路、限速器(纯机械)、安全钳(纯机械)和轿底缓冲器(纯机械)。简单地说,电梯出现故障时,首先是安全电路动作,将电梯停掉;如果安全回路坏了,电梯一旦失速,电梯的机械式限速器和安全钳就会动作,限速器和安全钳都是纯机械部件,即使没有任何电力或钢丝绳全部断掉,在电梯的速度超过电梯额定速度的15%的情况下,限速器也会带动安全钳动作,将电梯紧紧地钳在电梯导轨上,让电梯丝毫动弹不得,所以现在的电梯才被称为安全电梯。如果电梯的安全钳和限速器也都坏了(概率比走路摔死低),电梯井道下都装有缓冲器,当然,如果楼层高的话,缓冲器也只能起到一定的作用,电梯里面人肯定会受伤。因此,电梯即使没电,也不会出现任何危险。但是如果没电,关在电梯里的人的确会出现焦躁等情绪。不过,早在十几年前,电梯就已经有了断电自动平层系统,就是根据电梯的功率和楼层间距,安装一个蓄电池,在电梯没电的情况下,由蓄电池进行供电,将电梯停在最近的楼层,开门将乘客放出。但不是每台电梯都配置有断电自动平层系统,需要电梯的购买方或单位提出加价选配,电梯公司才会给提供。其次,让我们来学习一下人一旦被困电梯应该怎么做？人被困电梯后，最重要的不是实施救援的过程，而是在最短的时间内与外界取得联系，寻求救援。一旦被困电梯内就应做好以下几点：

(1)人一旦在电梯里被困之后最好的自救方法就是按下电梯内部的紧急呼叫按钮，这个按钮会直接与值班室或者监视中心连接，如果呼叫有回应，要做的就是等待救援。

(2)如果报警没有引起值班人员注意，或者呼叫按钮也失灵了，最好用手机拨打报警电话求援。目前，许多电梯内都配置了手机的发射装置，可以在电梯内正常接打电话。

(3)如果适逢停电，或者手机在电梯内没有信号，面对这种情况时，被困者一定要保持镇静，因为电梯都安装有安全防坠装置。防坠装置会牢牢卡在电梯槽两旁的轨道，使电梯不至于掉下去。即使遭遇停电，安全装置也不会失灵。这个时候，被困者务必镇静，要保持体力，伺机待援。在狭窄闷热的电梯里，许多被困者往往担心会导致窒息，这一点请大家放心，目前新的电梯国家标准有严格的规定，只有达到通风的效果，才能够投入使用。另外，电梯有许多活动的部件，比如说一些连接的位置，如轿壁和轿顶的连接处都有缝隙，一般来说足够人的呼吸需要。

(4)在稍事稳定情绪之后，被困者要做的就是，把铺在电梯轿厢地面上的地毯卷起来，将底部的通风口暴露出来，达到最好的通风效果。然后大声向外面呼喊，以期引起过往行人的注意。

(5)如果被困者喊得口干舌燥仍没有人前来搭救，就要换一种保存体力的方式求救。这时，不妨间歇性地拍打电梯门，或用坚硬的鞋底敲打电梯门，等待救援人员的到来。为了节省体力，可以在听到外面有了响声后再拍。在救援者尚未到来期间，宜冷静观察，耐心等待，不要乱了方寸。有些性急的被困者会尝试自己从轿厢里面打开电梯门，这是一种极其错误的自救方式。因为电梯在出现故障时，门的回路有时会发生失灵的情况，这时电梯可能会异常启动。如果强行扒开门就更危险，容易造成人身伤害。另外，被困者往往并不了解电梯停运时身处的楼层位置，盲目扒开电梯门，也会有坠入电梯井的危险。万一真的遇到电梯急速坠落时，请将背部紧靠电梯，然后膝盖弯曲，脚往外站点，这样能最大限度缓冲，避免对人造成过大的冲击。此外，还不要盲目从天窗爬出，在轿厢门暂时无法打开的情况下，听从专业救援人员安排，断电停机后，才可以从天窗逃出。

总之，在被困于电梯的情况下，要合理控制情绪，科学分配体力，耐心等待救援，才是成功脱困的最好途径。

第七节　防卫过当的伤害

防卫过当，是指防卫行为明显超过必要限度造成重大损害的应当负刑事责任的犯罪行为。所谓防卫过当是指正当防卫行为超越了法律规定的防卫尺度，因而应当负刑事责任的情况。在鼓励公民更好地利用防卫权，保护合法权益，维护社会秩序方面，有其积极的意义。

防卫过当的概念不是独立被提出来的，而是随着正当防卫的历史发展而提出来的。早在20世纪初，刑事社会学派取代了刑事古典学派，在刑法理论上占据了统治地位，从理性的角度对人们行使防卫权的范围、条件、合理限度等进行规范。在这种情况下就提出了防卫过当的概念及制定出对其应减轻或免除处罚的规定，从而引出有限防卫的概念。

防卫人进行防卫是为了使本人或者他人的人身权利免受正在进行的不法损害，而采取的制止不法侵害的行为。其目的是出于反击和制止正在实施的不法侵害，这是防卫过当的前提条件。实际上，防卫过当符合正当防卫的前四个条件，仅仅是不符合第五个条件，防卫过当应具有正当防卫的前四个条件，即正当防卫最基本的前提条件、时间条件、对象条件和主观条件。这四个条件缺少任何一个，都不可能成立防卫过当，而是其他违法犯罪行为，如挑拨防卫、假想防卫、防卫不适时、防卫第三者等。这些防卫没有正当防卫的主客观基础，其本身是非法行为，构成犯罪的，应按刑法规定的罪名定罪处刑。

防卫人虽然出于防卫的目的，但是防卫行为明显超过了为制止不法侵害所必需的限度而造成了重大的损害。所以说防卫行为具有不正当性，这也在一定的程度上说明了防卫过当的本质特征。

防卫过当是一种轻微的犯罪行为，它的本质应当是较轻的社会危害性。这是因为，从防卫过当的整个过程来看，防卫人虽然出于制止正在进行的不法侵害为目的，但是有一定的罪过心理，在主观上对自己反击和制止不法侵害的行为和结果持放任态度或疏忽大意、过于自信的态度，客观上防卫人的行为明显超过了制止不法侵害所必需的限度。

损害了不法侵害人被刑法所保护的部分利益，防卫行为也就由最初的正当防卫转化为犯罪行为，而正当防卫的本质是社会的有益性，犯罪的本质是社会危害性，因此，防卫过当既是具有社会有益性，又具有社会危害性，但其社会危害性是主要的，所以说防卫过当是轻微的犯罪行为。

根据《中华人民共和国刑法》第 20 条第 2 款的规定，防卫过当是应当负刑事责任的，防卫过当的前提是进行正当防卫，但防卫过当又不同于正当防卫。

(1)在客观上具有防卫过当的行为，并对不法侵害人造成了重大的损害。

(2)在主观上对其过当结果具有罪过，这是防卫过当应负刑事责任的根据。防卫过当的刑事责任主要是解决防卫过当的定罪和量刑问题，能不能定罪，就是通过是否具备了防卫过当犯罪构成的条件，因为它是刑事责任的唯一根据。

根据犯罪构成的一般原理，防卫过当的客体是不法侵害人的人身权利，即不法侵害人依法受刑法保护的生命权和健康权。在这里不法侵害人具有双重身份，即是防卫对象，又是犯罪对象，中国法律支持对不法侵害人的某些权益造成必要的损害的正当防卫行为。但是,同时不法侵害人还有他的合法权益,而这部分合法权益是受法律保护的,防卫过当行为损害了不法侵害人除了刑法允许可以反击、可以损害的部分以外,依法受保护的不允许损害的部分权益。因此,防卫过当也就是对不法侵害人的一种犯罪,只不过其社会危害性较小。

防卫过当的客观方面是防卫行为明显超过了制止不法侵害所必需的限度,并且造成了重大损害。首先,防卫过当的防卫行为明显超过必要限度,要正确理解"明显"含义二字,应具体从以下两个方面考虑:

(1)防卫行为大大超过了制止不法侵害所必需的范畴,例如:防卫人采取击伤不法偷窃者就是以制止偷窃这种不法侵害为限度,但如果采取了杀死偷窃者这种情况就超越防卫目的和防卫尺度,就应属于"明显"范畴。

(2)防卫强度大大超出了性质一般的不法侵害的强度。这主要应从防卫人所采用的防卫手段的强度与不法侵害行为的性质等因素对比来判断。另外,防卫过当的防卫行为造成了重大损害结果,防卫结果是否构成"重大损害",是区分防卫行为是否过当的主要因素,正当防卫与不法侵害是完全对立的,不造成不法侵害人一定的损害,是不足以制止不法侵害的,超过必要的限度,致人重伤死亡的,就是造成重大损害。

防卫过当的主体是具有刑事责任能力的单个公民《中华人民共和国刑法》第 17 条规定,已满 16 周岁的人犯罪应当负刑事责任。已满 14 周岁的不满 16 周岁的人犯故意杀人、故意伤害致人重伤或者死亡罪的,应当负刑事责任。这就是说,防卫过当所构成的犯罪中,有已满 16 周岁的和已满 14 周岁的犯罪主体,但防卫过当的主体一般是已满 16 周岁的人,因为已满 14 周岁不满 16 周岁的人由于认识能力的限制,一般不可能正确判断防卫过当这种犯罪行为的性质。

防卫过当的主观方面是防卫人对过当结果持放任或者疏忽大意、过于自信的态度。防卫过当是一种应负刑事责任的行为,因此,同其他犯罪一样,要求防卫人在主观上具有罪过。关于防卫过当的罪过形式,刑法理论界说法不一,主要有以下几种观点:

(1)疏忽大意过失说。该观点认为,防卫过当的罪过形式只能是疏忽大意的过失。

(2)全面过失说。该观点认为,防卫过当的罪过形式可以是疏忽大意的过失,也可以是过于自信的过失,但不能是故意。

(3)过失与间接故意说。该观点认为,防卫过当的罪过形式包括疏忽大意的过失,过于自信的过失和间接故意,只有直接故意不能成为防卫过当的罪过形式。

(4)过失与故意说。该观点认为,防卫过当的罪过形式可以是任何种类的过失与故意。

(5)故意说。该观点认为,防卫过当都是故意犯罪,因为防卫过当是故意造成的损害。

第八节 防溺水伤害

一、预防溺水的措施

(1)不要独自在河边、山塘边玩耍。

(2)不去非游泳区游泳。

(3)不会游泳者,不要游到深水区,即使带着救生圈也不安全。

(4)游泳前要做适当的准备活动,以防抽筋。

二、溺水时的自救方法

(1)不要慌张,发现周围有人时立即呼救。

(2)放松全身,让身体漂浮在水面上,将头部浮出水面,用脚踢水，防止体力丧失，等待救援。

(3)身体下沉时，可将手掌向下压。

(4)如果在水中突然抽筋，又无法靠岸时，立即求救。如周围无人，可深吸一口气潜入水中，伸直抽筋的那条腿，用手将脚趾向上扳，以解除抽筋。

三、发现有人溺水时的施救方法

(1)先可将救生圈、竹竿、木板等物抛给溺水者，再将其拖至岸边。

(2)若没有救护器材，可入水直接救护。接近溺水者时要转动他的髋部，使其背向自己然后拖运。拖运时通常采用侧泳或仰泳拖运法。

特别强调的是：不会游泳的人发现有人溺水，不能贸然下水营救，应立即大声呼救，或利用救生器材呼救。

四、被救上岸后对溺水者的施救方法

(1)迅速清除口、鼻中的污泥、杂草及分泌物，保持呼吸道通畅，并拉出舌头，以避免堵塞呼吸道。

(2)将溺水者举起，使其俯卧在救护者肩上，腹部紧贴救护者肩部，头脚下垂，以使呼吸道内积水自然流出。但不要因为控水而耽误了进行心肺复苏的时间。

(3)进行口对口人工呼吸及心脏按压。

(4)尽快联系急救中心或送溺水者去医院。

五、游泳安全要点

(1)下水时切勿过饿、过饱。饭后一小时后才能下水，以免抽筋。

(2)下水前试试水温，若水太冷，就不要下水。

(3)若在江、河、湖、海游泳，则必须有伴相陪，不可单独游泳。

(4)下水前观察游泳处的环境,若有危险警告,则不能在此游泳。

(5)不要在地理环境不清楚的峡谷游泳。这些地方的水深浅不一,而且水温低,水中可能有伤人的障碍物,很不安全。

(6)跳水前一定要确保此处水深至少有 3 米,并且水下没有杂草、岩石或其他障碍物。跳水时以脚先入水较为安全。

(7)在海中游泳,要沿着海岸线平行方向而游,游泳技术不精良或体力不充沛者,不要涉水至深处。在海岸做一标记,用于观察自己是否已被冲出太远,以便及时调整方向,确保安全。

六、如何预防游泳时下肢抽筋

(1)游泳前一定要做好暖身运动。游泳前应考虑身体状况,如果太饱、太饿或过度疲劳时,不要游泳。

(2)游泳前先向四肢撩些水,然后再跳入水中。不要立刻跳入水中。

(3)游泳时出现如胸痛,可用力压胸口,等到稍好时再上岸;腹部疼痛时,应上岸,最好喝一些热的饮料或热汤,以保持身体温暖。

七、夏季游泳缓解抽筋及溺水自救方法

如何保证游泳的健康和安全,避免溺水事件的发生?如果水情不熟而贸然下水,就会极易出生命危险。万一不幸发生了溺水,专家建议,溺水者切莫慌张,应保持镇静,积极自救:

1.缓解抽筋的方法

(1)对于手脚抽筋者,若是手指抽筋,则可将手握拳,然后用力张开,迅速反复多做几次,直到抽筋消除为止。

(2)若是小腿或脚趾抽筋,先吸一口气仰浮水上,用抽筋肢体对侧的手握住抽筋肢体的脚趾,并用力向身体方向拉,同时用同侧的手掌压在抽筋肢体的膝盖上,帮助抽筋腿伸直。

(3)若是大腿抽筋,可同样采用拉长抽筋肌肉的方法解决。

2.溺水自救方法

对于溺水者,除了积极自救外,还要积极进行陆上抢救:

(1)若溺水者口鼻中有淤泥、杂草和呕吐物,首先应清除,保持上呼吸道的通畅。

(2)若溺水者已喝了大量的水,救护者可一腿跪地,另一腿屈膝,将溺水者腹部贴在屈膝的大腿上,一手扶着溺水者的头,使他的嘴向下,另一手压在背部,使水排出。

(3)若溺水者已昏迷,呼吸很弱或停止呼吸,做完上述处理外,要进行人工呼吸。方法为:救护者先将溺水者仰卧,在身旁用一手捏住其鼻子,另一手托住其下颚,吸一口气,然后用嘴对着溺水者的嘴将气吹入。吹完一口气后,离开溺水者的嘴,同时松开捏鼻子的手,并用手压一下溺水者的胸部,帮助他呼气。如此有规律地反复进行,每分钟约做 14~20 次,开始时可稍慢,以后可适当加快。

八、溺水急救

溺水后一般引起窒息缺氧,如合并心跳停止的称为“溺死”,心跳未停止的则称“近乎溺死”这一分类以病情和预后估计具有重要意义,由于其救治原则基本相同,因此统称为溺水。

溺水的急救方法如下:

(1)将溺水者抬出水面后,应立即清除其口、鼻腔内的水、泥及污物,用纱布(手帕)裹着手指将伤员舌头拉出口外,解开衣扣、领口,以保持呼吸道通畅,然后抱起伤员的腰腹部,使其背朝上、头下垂进行倒水。或者抱起伤员双腿,将其腹部放在施救者肩上,快步奔跑使积水倒出。或施救者取半跪位,将溺水者的腹部放在施救者腿上,使其头部下垂,并用手平压背部进行倒水。

(2)呼吸停止的应立即进行人工呼吸,一般以口对口吹气为最佳。施救者位于溺水者一侧,托起其下颌,捏住其鼻孔,深吸一口气后，往溺水者嘴里缓缓吹气，待其胸廓稍有抬起时，放松其鼻孔，并用一手压其胸部以助呼气。反复并有节律地（每分钟吹16~20次）进行，直至恢复呼吸为止。

（3）心跳停止的应先进行胸外心脏按压。让溺水者仰卧，背部垫一块硬板，头低稍后仰，施救者位于溺水者一侧，面对溺水者，右手掌平放在其胸骨下段，左手放在右手背上，借施救者身体重量缓缓用力。

第七章　防止网络诈骗伤害

第一节　网上购物诈骗

随着科学技术的发展,网上购物在人们的生活中越来越普及。运用“互联网+”的模式,发挥互联网在生产要素配置中的优化和集成作用,将互联网的创新成果运用于经济生活的各个方面,而网上购物就是在充分运用互联网这个媒介的基础上,把网络与商品结合起来,产生的购物平台。网上购物很多大程度上方便了人们的生活,特别是年轻一代更多地倾向于这种快节奏、新型化、多样性的购物方式。但是随之而来也出现了很多网上购物的诈骗行为,从而要求国家在加强法律监管的同时,社会中每个人也应提高防范被诈骗的意识。

一、概述

1.网上购物

网上购物具体是指如下一系列行为:先通过互联网检索商品信息,然后通过电子订购单发出购物请求,输入支票账号或信用卡编号,商家通过邮购的方式发货,或者通过快递公司送货上门。

2.网上购物诈骗

网上购物诈骗是一些不法分子借用网络相关漏洞在网络上实施违法犯罪的行为。网上购物诈骗行为会破坏网上购物的正常运行,给消费者蒙上心理阴影,不利于网上购物的发展。

二、网上购物诈骗的类型

1.低价诱惑

网上购物之所以备受人们的青睐,除了其方便快捷、种类齐全以外,还因为其价格低廉。不法分子往往就是用价格低吸引消费者进而实施诈骗。

2.高额奖品

有些不法分子利用网站、网页发布虚假的巨额奖金或奖品抽奖信息诱惑、吸引消费者浏览网页,并购买其产品。

3.虚假广告

有些网站提供的产品说明夸大甚至虚构产品功效,消费者购买到的实物与网上看到的样品不一致。

4.设置格式条款

在日常的生活中,消费者都会遇到买货容易退货难的问题。一些网站的购买合同设置格式化条款,对于网上售出的产品不承担"三包"责任、没有退换货说明等。一旦购买了质量不好的产品,要想换货或者退货时都很困难,不能很好地维护自身的利益。

5.山寨产品

所谓山寨产品指通过模仿、复制、抄袭的假冒伪劣产品。随着社会经济的快速发展,人们更加追求生活品质,特别是对于一些名牌物品的追求显得狂热。有些不法生产商和销售商抓住消费者的这种心理,利用山寨产品欺诈消费者。

6.个人信息的泄露

网上购物时一般都会向卖家披露个人详细信息,一些不法分子也会利用一些技术手段盗取消费者的这些信息。例如,利用网上钓鱼方法盗取信息。

三、如何防止网上购物诈骗

(1)政府应适时出台相关的规章制度,规范各社会市场主体的行为。制度是维护正常工作、学习、劳动、生活秩序的一项重要保障。社会的高效正常运转离不开制度的约束，网上购物诈骗现象的出现是多种因素导致的结果，所以政府要适时出台一些相关政策、规章，才能使网上购物活动正常进行。

(2)加强社会监管力度，提高市场主体的国家意识、集体意识。每个社会体系都应树立整体意识，不能只是一味地追求小团体利益、个人利益。从全局出发，兼顾各方行为主体的合法权益也才能更好地为自己谋利益。

(3)大学生要加强理性思维，增强社会责任意识。大学生不能只是一味地追求外在的物质享受，而应该积极提升自身的精神层面。同时，在自身的利益受到损害时，要敢于维护自身的正当利益，为净化网上购物环境尽一份微薄之力。

第二节　网上就业防骗

网上就业是时代发展的新型产物，是现实社会生活的一种就业新态势。

一、概述及特点

1.网上就业的内涵

网上就业是指通过网络平台为未就业及失业的社会人员提供的一种就业机会。网上就业是“互联网+”与就业机会相结合，利用网络优势，拓宽就业渠道，提升就业平台，加快就业速度，降低人力资源社会成本，并最终就业人员实现增值的新型就业平台。

网上就业可以从两个层面来解释：一方面，具体指相关企事业单位通过网络，结合网络优势，发挥网络特点，提供就业信息。大学生可以通过网上平台搜寻相关的招聘公告，实现报名就业考试及相关的面试工作。例如，一些专门的服务网络平台——58同城、猎聘网等。另一方面是指通过网络平台，利用网络在网上实现就业。例如,淘宝网、当当网、苏宁易购等网上购物平台。通过利用网络,经营网络店铺,实现就业。

2.网上就业的特点

与传统的现场就业招聘相比,网络就业招聘更节省时间、精力,可以有效避免大型招聘会的人山人海,甚至辛辛苦苦而来最后徒劳无功的现象,网络求职更具有针对性和实用性,极大地减少了社会的人力资源等各方面的成本,是求职招聘的一个具有很好指向性的趋势。

二、网上就业防骗

网上就业是一个很好的就业平台,可以为广大求职者提供快捷、方便的就业信息。但是现在一些骗子也瞄准了网络招聘,为涉世不深的大学生构筑了多样的求职陷阱。如何在浩瀚的网络招聘信息中,甄别真假,找到一份合适的、合心意的工作是每个大学生毕业前就应该努力掌握的。

三、网上求职如何防骗

(1)尽量选择与正规的专业网站进行合作。像智联招聘、51job、中华英才网等网站运作时间较长,经营规模较大,信誉度较好,可信度相对较高,他们对于网上求职风险的防控措施也较为完善。网上招聘骗局的形式多为出售个人资料牟利、骗钱、骗取智力成果、过期信息耽误事。对附加收费、免薪试用等招聘信息必须提高警惕,按规定报名费、考试费等费用是不能收取的。同时,填写个人资料时,最好不要留下自己的详细住址和手机号码,一般留下电子信箱联系即可,尽可能做一些必要的保留。

(2)对于网上招聘信息要仔细甄别。网络上的招聘信息,特别是一些来历不明的小网站、人员情况复杂的各种论坛上的信息,不要盲目轻信,要抱着谨慎态度,对自己感兴趣的信息多加审视,细心查找其中是否存有漏洞。必要情况下,可以想办法试探真伪,比如避开招聘信息中预留的联系方式,而是通过查询招聘单位的其他电话进行核实。任何招聘单位,以任何名义向求职者收取抵押金、风险金、报名费、培训费等行为都属非法行为。招聘单位培训本单位职工,也不准收取培训费。求职者遇此类情况,要坚决拒交,并向劳动保障监察机构举报,以确保自己的合法权益不受侵害。

(3)实际应聘过程中要善于分析、随机应变。一些犯罪嫌疑人尽管精心设置骗局,但只要求职者提高警惕,善于从蛛丝马迹中捕捉可疑情况,往往能够及时收手。对于招聘者,可以要求其出示身份证明,或者通过细致交谈,从细节处辨明真伪;当招聘者选择的面试地点及环境与求职者的预料有出入时,求职者可予以询问,或要求在正规办公地点面试。正常招聘一般不收取各种名目的费用,一旦出现此类情况,求职者应予以警惕,即便迫不得已交了钱,也别忘了要求其出具收据或发票等。

总之,求职者一方面要增强防范意识;另一方面,万一不慎落入陷阱,要尽快向执法部门求助,积极配合其妥善处置,尽可能挽回损失。与此同时,有关部门也要努力加大对网上虚假招聘信息的查处力度,加大对此类违法犯罪行为的打击力度,维护网络环境的清洁和广大求职者的切身利益。

第三节　个人信息泄露骗局

随着社会生活的日常规范化,参加各种考试、办理相关的业务等都需要基本个人信息的确认。个人信息在不知情的情况下遭到各种泄露,进而影响了人们的正常生活。怎么样更好地防止个人信息的泄露,规范社会秩序,维护正常的生产生活秩序是摆在现实生活中的重要问题。

一、个人信息泄露的几种途径

(1)非正规网络招聘时填写的个人基本信息。

(2)不法社会调查填写的一些信息资料。

(3)电话、短信等通信工具。

二、个人信息泄露的案例

案例一:为“朋友”付保证金结果全进了骗子腰包

今年3月9日上午9点左右,家住萧山新塘的童先生接到了一个电话,对方自称是他的朋友黄某。

虽然,电话里的声音有点模糊,但对方说了一大堆,自己也没听出什么破绽。

随后,这个“黄某”说,自己嫖娼被抓了,需要交48000元保证金才能出了,童先生开始有点怀疑,就打电话给黄某的妻子,结果黄某的妻子说,黄某已经一晚上没回来了。

天下哪里有这么巧的事情,于是童先生相信了,因为黄某是自己生意场上的朋友,为了今后的业务,童先生决定怎么着也得帮朋友出来。

于是,童先生马上到萧山临浦镇上的一个工商银行,把钱汇到了对方发来的账号里,此后,当天12时、14时,童先生分别又给了对方7万元及4万元人民币。

但是,晚上,童先生却接到了真正的黄先生打来的电话,说自己并没有被抓,童先生这才意识到被骗,向萧山分局临浦派出所报案,一共损失15万余元之多。

案例二:2011年12月7日,厦门捣毁特大“违禁邮包”诈骗团伙,该团伙藏在深山,骗取人民币300万元。

“您好,我是中国邮政,您有个包裹,里面有海洛因。”从当年7月份至11月底,4个骗子躲进深山老林,利用一台电脑加几部手机,冒充邮政人员、警察、银联工作人员,给市民手机发送短信、打电话,进行邮包诈骗;另外4人则在全省各地到处取款。他们在厦门甚至全国疯狂作案,初步统计涉案100多起,涉案金额近300万元。

三、个人信息泄露来源

(1)不法分子利用互联网搜索引擎搜索个人信息,汇集成册,并按照一定的价格出售。

(2)旅馆住宿、保险公司投保、租赁公司租赁、银行办证,电信、房地产、邮政部门等需要身份证件实名登记的部门,个别人员利用登记的便利条件,泄露客户个人信息。

(3)个别打字店、复印店人员会利用复印、打字之便,将个人信息资料存档留底,装订成册,进行对外出售。

(4)借各种"问卷调查"之名,窃取群众个人信息。

(5)通过在抽奖券的正副页上填写姓名、家庭住址、联系方式等方式,泄露个人信息。

(6)在购买电子产品、车辆等物品时,一些非正规的商家会将顾客填写的"售后服务卡"上的个人信息泄露。

(7)个别超市、商场会将购物联系卡、会员卡上的个人信息向外泄露。

第四节　银行卡诈骗

一、银行卡诈骗的概念

银行卡诈骗指以非法占有为目的,违反银行卡管理法规,利用银行卡骗取财物数额较大的诈骗行为。

二、银行卡诈骗的手段

1.套取银行卡卡号密码

不法分子利用假中奖信息诱骗银行卡用户拨打假冒的银行客服电话进行咨询,套取卡号、密码进行诈骗。或者通过手机短信发送银行卡用户在何处消费的提示,对方拨打短信中提供的电话查证时,诱导其到 ATM 机取消自动转账功能,并提示操作程序(实际为转账操作程序),使银行卡用户账户内的存款被划转至不法分子的账户中。

2.ATM 机上贴虚假告示

不法分子在 ATM 机上以银行名义张贴虚假告示,称银行的业务系统正在升级,取款时按如下程序操作:先插卡输入密码,按输入键确认后再按转账业务键,选择卡转出转账键,快速输入本机备用号码(实际为不法分子提供的账户),输入取款金额,按输入键确认,将银行卡用户账户内的资金转入指定账号。

3.电话截取银行卡密码

不法分子通过电话连接各银行的电话银行。使用各种手段诱骗银行卡用户拨打该电话号码后,电话的自动语音提示提供国内各大银行的电话银行号码和金融服务项目。银行卡用户使用此电话进行查询后,不法分子可截取其银行卡卡号、密码、身份证等信息,从而盗取账户内的资金。

4.克隆银行卡窃取资金

不法分子通过各种手段窃取银行卡用户的卡号及密码,克隆银行卡后窃取账户内资金。如:捡到银行卡用户丢弃的取款凭条获取银行卡卡号,在其使用 ATM 机时窥视其取款密码;或在自助银行门口设置读卡器和针孔摄像机等窃取银行卡用户的卡号及密码。

5.通过互联网网上交易套取银行卡信息

不法分子通过互联网进行网上交易,提示银行卡用户将交易款存入其个人借记卡(银行卡的一种)中,同时提供咨询电话,告知对方通过此电话可以查询交易款是否入账,由此套取银行卡用户的卡号、密码以及身份证等信息进行诈骗。

6.设法窃取银行卡

不法分子在 ATM 机上加装钩子或其他装置,截获银行卡用户的银行卡,致使设备暂停服务;或通过窥视银行卡用户取款密码等方式获取密码,再用银行卡及密码盗取卡内资金。或者在银行卡用户取款时故意干扰,致使 ATM 机暂停服务,“指导”银行卡用户操作,截获银行卡、骗取密码,银行卡用户暂时离开时,取走银行卡到其他 ATM 机上盗取卡内资金。

7.利用假网站实施犯罪

建立假银行网站,以买家的身份与网上商铺的卖家进行交流,要求卖家在其提供的银行网址上进行相关业务注册,骗取对方的银行卡卡号和密码。或是以银行名义假借有奖促销活动,要求银行卡用户通过电子邮件发送卡号和密码,或到指定的假网站上输入卡号和密码。从而即便银行卡用户没有依照电子邮件或假网站的要求提供个人资料,一旦点击了邮件或假网站上的链接,就有可能被安装木马程序或其他计算机病毒,使银行卡卡号和密码信息泄露。

8.“二维码”或隐藏手机木马

二维码有时也能成行骗的工具,信用卡手机银行可能因此无故“被消费”。据悉,不法分子在网上下载一款“二维码生成器”,再将病毒程序的网址粘贴到二维码生成器上,就可以生成一个“有毒”的二维码。诈骗分子会利用这些二维码将手机木马植入被害人手机并自动提取相关信息,短短几秒钟的时间,手机号、卡号、密码等私人信息可能已经传到他人手中。

三、防范银行卡诈骗的要点

(1)不要轻易向他人透露个人信息包括自己的身份证号码、银行卡号码等信息,如果有疑惑需要报案的,要亲自到银行等金融部门进行咨询或到当地公安机关报案,不要按诈骗嫌疑人提供的电话号码打电话报案。

(2)注意安全使用网上银行,安装必要的杀毒、防木马软件和网银安全控件,确认登录的是真实的银行网站,不要轻易接收陌生文件,也不要轻易使用他人计算机登录网上银行。

(3)使用自助银行要提高警惕,目前自助银行门已逐步改造成按钮开启式,到自助银行取款时,若发现自动银行出入口有可疑装置或有“按密码确认”之类的提示信息时,切忌刷卡和输入密码,同时及时向银行和公安机关报告。

(4)要注意把银行卡和身份证分开。生活中有很多人把身份证和银行卡放在一起,一旦丢失或被盗,持卡人的资金受损失的可能性极大。

(5)通过POS刷卡消费或转账时不要让银行卡离开自己的视线范围,刷卡核对金额无误后再在购物结算账单上签字,并防止还回的银行卡被调包。另外,签名式样要尽量和卡上的签名保持一致。

(6)尽量开通余额变动短信提醒业务,这样可以更加方便、及时地掌握自己银行卡的用卡情况。

(7)保护好银行卡密码。在ATM、POS等各种渠道输入密码时,都要进行适当遮挡,防止他人窥视。在各类网站(如购物网站)注册用户时,不要使用您的银行交易密码,也不要将您的账号及密码信息储存在联网的计算机或邮件中,或将密码写在您的存折或银行卡上,防止密码泄露。设置的密码不要过于简单,不要使用自己的生日、电话号码、重复或连续数字(如888888或123456),并不定期更换银行密码,不给犯罪分子提供可乘之机。

(8)要注意是否有可疑摄像头在自动取款机上。操作时如果见到在边上贴着一些小纸条,比如紧急通知之类,特别是要求持卡人打某个电话或者提供密码信息时,更要提高警惕,不要上当。

第八章　拒绝上网伤害

第一节　沉溺网络的危害

一、沉溺网络的危害

网络在给人们的生活带来了很大的便利，同时也带来了一些问题。一些网站为了获得更大的利益千方百计利用网络游戏，甚至色情视频来吸引年轻人，使他们沉溺其中。沉溺于网络会造成很多社会问题，同时也不利于个人身心及健康发展，其危害主要表现在两个方面：

1.沉溺网络会造成的躯体障碍

沉溺于网络的人由于长时间上网，睡眠节律紊乱，导致大脑神经中枢持续处于高度兴奋状态，从而引起体内一系列复杂的生物化学变化，导致自主神经功能紊乱，内分泌失调，免疫功能降低，诱发各种疾患：如胃肠神经症、紧张性头疼。此外，长时间敲击键盘可引起腕关节综合征；长时间注视电脑屏幕可导致视力下降、怕光、暗适应能力降低；长时间僵坐在电脑前可出现腰背肌肉劳损、脊椎疼痛变形等。

2.沉溺网络会造成的心理障碍

对网络依赖性表现在对网络操作出现时间失控，陷于其中不能自拔，一旦停止上网便会产生强烈的渴望与冲动。注意力不能集中和维持，感知能力降低，记忆力减退，逻辑思维活动迟钝；情绪低落消极悲观，缺乏对生活的兴趣和动机，自尊和自信的丧失。回到现实生活中的痛苦情绪和自我否定的消极体验，促使其再次回到网络中,以逃避现实不愿承担其应有的社会责任与义务。更有甚者为达到上网的目的,骗取钱财违法乱纪造成个人品行方面的问题,乃至人格的丧失。

二、沉溺网络的典型案例

案例一:近年来猝死案例时有发生,华南师范大学的学生宿舍中就发生了这样一起悲剧。2013 年 12 月 28 日、29 日玩游戏到凌晨 3 点才睡觉。2013 年 12 月 30 日,罗桂彬在深夜 1 点左右才上床,但到了凌晨 3 点左右,有舍友看到他仍未睡觉,还在用手机看小说。2013 年 12 月 30 日下午,该校计算机系大三学生罗桂彬在宿舍电脑前忽然晕倒,后经抢救无效死亡。

猝死的案例不止一次地发生,但是很多人对此并不以为然。在网吧里还是能够看到许多没日没夜玩游戏的身影,年轻生命的逝去留给人们的不仅仅是惋惜,更敲响了警钟。

案例二:2015 年 11 月,重庆发生 15 岁男孩强奸 9 岁女孩,并致其坠亡。据犯罪嫌疑人苏某交代,1 日下午 3 点多,他在小区电梯内遇到女孩曹某,见其孤身一人,便心生歹意,随后,花言巧语将她骗至家中实施强奸。其间,女孩反抗,苏某因害怕被告发,便将女孩推上窗台恐吓,最终致其坠楼身亡。

三、如何避免网络危害

1.发挥家庭教育的基础性作用

家庭教育是学校教育与社会教育的基础。换言之,家庭教育是一种终身教育。父母对子女的教育直接影响着他们世界观、人生观、价值观的培养。当然父母教育子女也要注重方式方法,换角度体会学生们的感受。中国著名的先生梁实秋先生说过:“谈话,和作文一样,有主题,有腹稿,有层次,有头尾,不可语无伦次。”英国哲学家霍布斯也说过:“倾听对方的任何一种意见或议论就是尊重,因为这说明我们认为对方有卓见、口才和聪明机智,反之,打瞌睡、走开或乱扯就是轻视。”

2.净化社会环境,特别是网络环境

例如,快播一直以来都有色情视频传播。2016 年 1 月 7 日上午,北京市海淀法院对“快播传播淫秽物品牟利案”被告人王欣、吴铭、张克东、牛文举进行公开审理。庭审现场,快播 CEO 王欣认为,公诉人的指控是不正确的,快播公司和个人都不构成犯罪。对指控事实也有意见,王欣称,快播是不具备传播属性的,也不提供内容给网民。对快播案件的审理让我们看到了整个社会对于净化网络环境所做出的努力。2015 年以来,国家广电总局也在严格地审批一些视频,对于危害社会的视频情节,只有进行删减才可以进行播放或者直接遭到禁播。总的来讲,这些都从一定程度上保证了网络环境的干净正常运行。

3.从大学生自身出发,提升自我的理性思维,树立社会主义核心价值观

大学生必须认清自我的社会定位,不能一味地沉溺在网络游戏和网络。2014 年习近平总书记在北大的演讲,提到我为什么要对青年讲讲社会主义核心价值观这个问题?是因为青年的价值取向决定了未来整个社会的价值取向,而青年又处在价值观形成和确立的时期,抓好这一时期的价值观养成十分重要。这就像穿衣服扣扣子一样,如果第一粒扣子扣错了,其余的扣子都会扣错。人生的扣子从一开始就要扣好。

第二节　拒绝网络交友

一、概述

网络交友就是指通过互联网结识朋友。“世纪佳缘”等网站就提供网络交友服务。大多数网站都依靠网络交友功能来获得流量,提高用户的黏着度。随着更多应用功能的开发,网络交友的服务形式也越来越丰富,网络交友的方式变得更加具体,更具有针对性。

随着人们思想观念的改变以及社会环境的变化,QQ、微信等已经成为人们广泛使用的交流工具。由于网络环境的虚拟性,人们一旦放松戒备,就很容易被骗而导致悲剧发生。

二、网络交友的典型案例

案例:2015 年 12 月 25 日,警方接到举报:一男子长期在本市及周边地区以见网友为名伺机实施入室盗窃等违法犯罪活动。

得到此线索后,公安人员立即拟定侦查措施,核实该男子真实身份,并对 2015 年以来类似手法的入室盗窃或其他盗窃案件进行梳理。此外,警方还对核实梳理出的案件进行串并分析寻找情报指向。

网侦民警对 2015 年全年以 QQ、微信等网络交友平台结识网友而引发的入室盗窃案件及其他盗窃案件进行梳理,发现其中有 13 起案件受害人所反映出的嫌疑人体貌特征相似,且嫌疑人在见面时均自称高峰。网侦民警随即对 13 起案件的受害人进行了逐一回访,通过对其中一个涉案账户进行排查,突出了嫌疑人车某。

在进一步核实车某身份后,网侦民警组织 13 名受害人对车某进行了混杂辨认。经辨认后确定,车某就是该系列案件犯罪嫌疑人。

第三节 拒绝网络不良信息

目前网络不良信息也在向多元化方向发展,除了各种情色类的视频、图片、文学等之外,网络不良信息中还存在着赌博、造假、诈骗等各类违反法律和违背道德的内容。

一、概述及分类

1.概述

在互联网发展的早期,网上的不良信息还是以“知识型”信息为主，但是随着互联网的不断发展，上网成为人们生活、工作、娱乐中不可缺少的一部分时，不良信息也随之发生了很大的变化。特别是近几年，不良信息开始从单纯的“知识型”信息开始向“谋利型”转变，而且手段多样、形式复杂，其中不乏很多违反法律、违反道德的不良信息。

2.网络不良信息的分类

1）违反法律类

主要包括淫秽、色情、暴力等低俗信息；赌博、犯罪等技能教唆信息；毒品、违禁药品、刀具枪械、监听器、假证件、发票等管制品买卖信息；虚假股票、信用卡、彩票等诈骗信息，以及网络销赃等多方面内容。

2）违背道德类

违背道德类信息是指违背社会主义精神文明建设要求、违背中华民族优良文化传统与习惯以及其他违背社会公德的各类信息，包括文字、图片、音视频等。法律是最低标准的道德，道德是最高标准的法律。虽然违背道德类信息仅违背一般的道德准则，会受到主流道德规范的谴责和约束。但是，违背道德类信息一旦“过头”，造成严重的后果和影响，就很容易演变为“违反法律类”信息。

二、网络不良信息产生的原因

1.不良信息的赚钱魔力

互联网是“眼球”经济，在残酷的商业竞争中，不少网站经营者开始利用不良信息吸引网民的“眼球”，以达到赚钱的目的。

2.互联网信息的制造和访问缺乏监管

网民即是信息的阅读者也是制造者，而面对不良信息，他们既可能成为受害者又可能成为违法者。

3.非民主力量的“别有用心”

一些反人类、反民主的力量也同样存在于互联网上，通过不断传播不良信息以达到个人目的。

三、应对网络不良信息的策略

1.遏制源头

遏制不良信息的源头,就要通过立法及执法手段严惩不良信息制造者,对发布不良信息的人或者网站进行相应的经济制裁,严重者追究其刑事责任。要让他们知道"疼",感到"怕",从重打击那些制造不良信息的不法分子。

2.监管传播

要监管不良信息的传播,建立严格的内容审核制度,要求互联网从业者自律自查;设立举报制度,发动社会力量进行监督和举报。

3.控制访问

控制对不良信息的访问,在能够上网的任何场所,例如公司、学校、酒店、网吧等地方加装网页过滤软件,对不良信息进行封堵和过滤,使得访问者不能接触到不良信息。

4.大学生应该如何做

当代大学生应当以主流的社会政治观念为理论基础。提高自己的学识和修养,增加对事物的甄别能力。应通过更多的社会实践、更多地观察社会、更多地体验生活,更好地练就一双自觉辨识谣言、抵制谣言的"火眼金睛"。对国内外的社会、政治事务能够做出客观与合理地评判。

对身边发生的或即将发生的突发性事件应该能够冷静、正确的应对。取其精华、弃其糟粕,激浊扬清、正本清源,不能因噎废食。

日新月异的互联网技术代表着科技创新的发展方向,朝气蓬勃的青年学子是思维创新、制度创新、科技创新、文化创新的生力军,更是打造讲正气、遵法纪、守底线的网络文化的生力军。每个大学生都应树立这种时代使命感、社会责任感、道德正义感,自觉抵制包括网络谣言在内的各类网络糟粕,携手营造一个清新、健康、积极向上的互联网共有家园。

第九章　保持身体健康

第一节　注意饮食卫生

常言道:病从口入。病从口入,就是告诫我们要注意饮食安全。注意饮食卫生是拥有健康体魄的基础。食品安全问题是目前社会的一个大问题,健全食品安全监督机制,强化食品安全管理应得到全社会的倾心关注。

大学生是祖国的未来,学生的健康牵动着千万个家庭的心,学校一旦发生食品卫生问题往往影响到一个大群体,轻者影响学生学习,重者影响社会的稳定性。同时,发生食品卫生问题也影响学校的正常学习和工作秩序,一旦出现问题会使学校声誉下降。因此,保障学生的身体健康是学校义不容辞的责任和义务,要想把这项工作做好,就要掌握必要的食品卫生安全知识。

一、常见的食物中毒及饮食安全卫生

1.常见的食物中毒

(1)四季豆中毒。

(2)发芽的马铃薯中毒。

(3)豆浆中毒。

2.食物中毒的特点

(1)中毒者在相近的时间内均食用过某种共同的食品,没有食用者不发病。停止食用中毒食品后,发病很快停止。

(2)潜伏期短,发病急剧,病程也比较短。

(3)所有中毒者的临床表现基本相似。

(4)一般没有人与人之间的直接传染。

3.中毒原因

1)四季豆中毒

四季豆的含毒成分尚不十分清楚,可能与皂素和植物血凝素有关。中毒者多有进食未烧透的四季豆史。潜伏期为1~5小时,症状为恶心、呕吐、胸闷、心慌、出冷汗、手脚发冷、四肢麻木、畏寒。

预防措施:应充分加热炒熟,以破坏毒素,故加工四季豆宜炖食,不宜水焯后做凉菜。

2)发芽的马铃薯中毒

有毒成分是幼芽及芽眼部分,含有大量龙葵素(龙葵碱),人食入0.2~0.4克即可引起中毒。中毒初期,先有咽喉抓痒感及烧灼感,其后出现胃肠道症状,剧烈呕吐、腹泻。

预防措施:马铃薯应贮藏在低温、无直射阳光的地方,或用沙土埋起来,防止发芽;不吃发芽或黑绿色皮的马铃薯;加工发芽的马铃薯,应彻底挖去芽、芽眼及芽周部分;龙葵素遇酸分解,烹调时可加少量食醋。

3)豆浆中毒

有害成分可能是胰蛋白酶抑制素、皂甙。生豆浆加热不彻底,有害成分没有被破坏,饮用后会造成中毒。豆浆中毒多发生在集体食堂或小型餐饮业。潜伏期半小时到1小时,主要表现为胃肠道症状,恶心、呕吐、腹胀、腹泻。一般不发热。预后良好。

预防措施:将豆浆彻底煮开后饮用。在豆浆出现泡沫时,还没有煮开,应继续加热至泡沫消失,豆浆沸腾后,再继续加热几分钟。

二、合理的饮食习惯

1.建立合理的膳食制度

膳食制度常随学习情况、生活习惯和季节不同而异。一般以一日三餐为好,因为食物进入胃后,在正常情况下,4~5个小时可以排完，一日三餐刚好适应胃的消化机能。全天热量分配，一般主张早餐占总热量的25%～30%，中餐占40%～50%。提倡早餐吃好，中餐吃饱，晚餐吃少是有一定道理的。学校上午一般有四节课，不吃早饭就上学，会使学生机体热量不足，上课精力不足，容易疲劳，严重的会头晕无力，影响身体健康和学习效果。晚餐不要吃得太饱，以免增加胃的负担，影响睡眠，在正常情况下，一日三餐要定时定量，防止暴饮暴食。经常参加锻炼的大学生可适当增加进餐次数，如一日四餐、一日五餐。

2.饭菜不单调，吃饭不偏食

有些学生由于各种原因，往往喜欢吃单一饭菜，这是很不好的习惯。各种食品都有其各自的营养成分，经常变换选择饭菜进餐，才能为人体提供足够的营养素。一般来说，午饭质量要高一些，可吃一些含糖、蛋白质、维生素B1、维生素C和磷等较多的食物，晚饭应吃一些易消化吸收的食物。

3.膳食合理搭配

提倡食物混食、粗细搭配。粗粮、细粮、荤菜、素菜相互搭配，混合食用的营养价值要比单吃一种食物高，用餐时，干稀要搭配，副食品荤素要搭配。鸡鸭鱼肉虽然都含有优质蛋白质，但无法满足机体对其他营养素的要求，而各种蔬菜中所含的大量维生素、无机盐和纤维素等成分，恰好弥补了这方面不足。再者，鱼、肉、禽、蛋都属于酸性食物，食用过多会导致血液偏酸性，容易患心血管疾病。而蔬菜、水果、牛奶、粮食的根茎类，几乎都是碱性食品，所以膳食中必须注意荤素搭配。每个学生每天应吃0.5公斤以上蔬菜，品种越多越好，注意选择含钙、铁、维生素较多的菜食用。

4.不要暴饮暴食

明代《东谷赘言》中说，多食之人有五患：一者大便数，二者小便数，三者扰睡眠，四者体重不修养，五者多患食不消化。现代医学认为，暴饮暴食能增加胃的负担，引起消化液供不应求，从而造成消化不良，甚至造成急性胃炎。另外，暴饮暴食造成血液集中于肠胃，心脑相对缺血，会发生疲劳不适感。吃饭应定时定量，吃八成饱为宜，吃饭时，要细嚼慢咽，不看书，不逗笑，少说话，不边走边吃，要养成吃食物前先洗手的良好习惯。

5.加强饮食卫生管理

各级学校必须认真加强饮食卫生管理，充分供应学生饮用的开水，设置必要的卫生设备，做好食品卫生检查，饮水消毒，食具消毒等工作；要教育学生不喝生水不吃腐败变质的食物；做到饭前便后洗手，牢牢把住“病从口入”这一关，防止食物中毒和肠道传染病的发生。

6.运动前后的饮食卫生

体育锻炼提高消化器官的功能，使吃下去的东西能更好更快地消化吸收。但应注意以下几点饮食卫生要求，否则将会引起慢性肠胃疾病。

1）运动和吃饭时间要安排得当

如果在剧烈运动后很快就进食，往往食欲很差，再好的饭菜也不想吃，因为运动刚结束时大脑皮层的运动中枢和交感神经仍处在高度兴奋状态，情绪还很紧张，消化腺的分泌仍受到一定程度的抑制，所以不想吃饭。在这种情况下，即使勉强吃下去，食物也不能很好地消化，久而久之，就会引起消化不良，患慢性肠胃病。一般来说，运动后休息大约20~30分钟以后，再吃东西是比较合乎卫生要求的。

2）饭后立即进行剧烈运动，对肠胃的影响更大

由于饭后胃肠的活动和消化腺的分泌加强，消化液分泌增多，如果在这时进行剧烈运动，则会引起交感神经兴奋和肾上腺激素大量分泌，进而使肌肉小动脉扩张，毛细血管大量开放，血液较集中供应运动器官，而减少了胃肠的血液供给。同时，胃肠的活动也减弱，消化液的分泌也减少，胃壁松弛无力，食物得不到充分的搅拌和消化，就会拖长食物在胃里停留的时间，以致发酵酸化，吐酸

水。胃液减少,胃的防腐能力就降低了,这又是消化道易被感染患病的原因。因此,饭后应稍事休息再作运动。

3)饭后和运动后不要大量吃冷食

饭后大量吃冷食,首先会使肠胃血管突然收缩,使供给肠胃的血液突然减少,致使消化受到阻碍。其次,消化液必须在一定的温度下才起作用,胃肠温度突然降低,它的消化能力也随之下降,结果食物就难以消化,日久就免不了得肠胃病。

运动刚刚结束时,由于体温升高,大量流汗,无克制力的人往往为了一时痛快便大吃冷饮食,结果肠胃因受到刺激而功能紊乱,引起腹泻、腹痛等病症。

4)不能乱吃零食

按时吃饭能使消化器官有规律地工作,是维护肠胃健康的一个重要措施。乱吃零食,破坏了消化器官的规律性活动,到了吃饭的时间,消化机能反而下降,这就会抑制正常的进食活动。吃的零食如果是甜食或油腻的食物,则更会降低食欲。在这种情况下,若勉强进食,食物会因消化液的减少和肠胃蠕动缓慢无力而难以消化。但水果可加强消化腺的活动,并能供给维生素,不在此例。

5)运动后要合理饮水

激烈运动后,常使人感到格外口渴,有些人只图一时痛快,在运动后大量饮水,这是不卫生的。因为运动时,胃肠道血管处于收缩状态,血液供应暂时减少,这时大部分血液都流向肌肉,以便供应运动时肌肉所需要的养料和更快地带走废物。如果这时大量饮水,由于胃肠血管收缩,吸收能力减弱,使人感到胃部沉重闷胀,影响呼吸。在运动结束后,心脏的负担在逐渐减轻,如果这时大量饮水,一部分水经胃吸收进入血液之中,循环血量有所增加,不但给心脏和肾脏增加了负担,而且还会进一步加快出汗,使体内盐分排出过多。运动后的口渴,并不一定真正表示人体缺少水分,这主要是由于运动时呼吸加强,水分蒸发较快和唾液分泌减少变稠,致使口腔、咽喉、呼吸道和食道上的黏膜比较干燥,因而产生不舒服的感觉。这时只要漱漱口,湿润一下口腔黏膜,再有意识的克制一下,那么口渴的感觉就会减轻。

6)长时间运动应及时补水

如果人体进行长时间的运动,特别是在夏天,不仅消耗大量热能,同时也失去大量水分。机体内的水分减少,会影响正常的生理机能和工作能力。当失水量占体重的4%~5%时,可使肌肉工作能力下降约20%~30%;当失水量为体重的10%时,会引起循环衰竭,从而导致机能下降。主要体征是心率加快,体温升高。因此,及时补充水分是十分重要的。补充水分的方法最好是少量多次。运动中每15~20分钟饮水100~150毫升,这样既可及时保持体内水的平衡,又不增加心脏和胃的负担。若大量饮水后仍然继续运动,水在胃中晃动,使人不舒服,并可引起呕吐。关于饮料的成分,含糖量一般不宜过高。据研究,夏天饮料的糖浓度不宜超过2.5%,冬季可适当增加到5%~15%,以维持血糖水平。

三、作为学生应掌握一定的食品安全卫生知识,做好个人防护,以下几点提醒大家注意

(1)购买食物时,注意食品包装有无生产厂家、生产日期,是否过保质期,食品原料、营养成分是否标明,有无QS标识,不能购买三无产品。

(2)打开食品包装,检查食品是否具有它应有的感官性状。不能食用腐败变质、油脂酸败、霉变、生虫、污秽不洁、混有异物或者其他感官性状异常的食品。若蛋白质类食品发黏,渍脂类食品有哈喇味,碳水化合物有发酵的气味或饮料有异常沉淀物等均不能食用。

(3)不到校园周边无证摊贩处购买盒饭或食物,以减少食物中毒的隐患。

(4)注意个人卫生,饭前便后洗手,自己的餐具洗净消毒;不用不洁容器盛装食品,不在食堂乱扔垃圾防止蚊蝇滋生。

(5)白开水是最好的饮料,一些饮料含有防腐剂、色素等,经常饮用不利于大学生学生的健康。

(6)养成良好的卫生习惯,预防肠道寄生虫病的传播。

(7)生吃的蔬菜和水果要洗干净后再吃,以免农药中毒。

(8)少吃油炸、烟熏、烧烤的食品,这类食品如制作不当会产生有毒物质。

除此之外,在日常的生活中,做到饮食卫生,应该做好以下几点:

(1)养成吃东西以前洗手的习惯。人的双手每天干这干那,接触各种各样的东西。会沾染病菌、病毒和寄生虫卵。吃东西以前认真用肥皂洗净双手,才能减少“病从口入”的可能。

(2)生吃瓜果要洗净。瓜果蔬菜在生长过程中不仅会沾染病菌、病毒、寄生虫卵,还有残留的农药、杀虫剂等,如果不清洗干净,不仅可能染上疾病,还可能造成农药中毒。

(3)不随便吃野菜、野果。野菜、野果的种类很多,有的含有对人体有害的毒素,缺乏经验的人很难辨别清楚,只有不随便吃野菜、野果,才能避免中毒,确保安全。

(4)不吃腐烂变质的食物。食物腐烂变质,就会味道变酸、变苦、散发出异味,这是因为细菌大量繁殖引起的,吃了这些食物会造成食物中毒。

(5)不随意购买、食用街头小摊贩出售的劣质食品、饮料。这些劣质食品、饮料往往卫生质量不合格,食用、饮用会危害健康。

(6)不喝生水。水是否干净,仅凭肉眼很难分清,清澈透明的水也可能含有病菌、病毒,喝开水最安全。

第二节　预防常见病

为了预防、控制常见病的发生,保障学生的身体健康,特针对一些常见病的情况落实有关防治措施与计划。

1.营养不良和肥胖

学生营养不良和肥胖评定方法是:以同等身高标准体重值为100%,体重在标准体重91%~110%范围内为营养状况良好,低于90%为营养不良,体重在标准体重的111%~120%为超重,高于120%为肥胖。目前大学生中营养不良和肥胖的患病率均已超过10%。营养不良将导致学生生长发育障碍,而肥胖是高血压、高脂血症、动脉粥样硬化、糖尿病等的诱发因素之一。这两种疾病均与日常饮食关系密切。学校有计划地针对此种情况开展午餐营养配餐工作,同时学生要科学规划好早晚两餐,改掉偏食习惯,做到热量和营养素的合理搭配。

2.近视眼的预防与治疗

轻度近视即应引起注意,尽量找出原因以防程度加深。原则上讲,患近视眼后,应在眼科医生验光之后,佩戴合适的矫正眼镜,使视物清晰,减轻视觉疲劳。学校要加强宣传力度,及早预防:

(1)不在暗处及行进的车船上看书,不要躺着看书,坚持每天做眼保健操,定期检查视力。

(2)阅读写字时,桌面上的照明不低于25W,姿势要端正、眼睛离桌面的距离应保持在33厘米左右。

(3)在看电视时,室内应保持一定的亮度,人距电视2.5~3米左右,最好不超过半小时就休息10分钟。

(4)看书学习1小时之后,可眺望远方的绿色花草树木。

(5)不要戴别人的眼镜,以免对眼睛造成损害。

3.沙眼

沙眼在大学生中发病率也较高,这种疾病是由沙眼衣原体感染引起的。预防沙眼,不要用脏手揉眼睛,不要与别人共用毛巾、脸盆。如发现眼睛红肿、流泪、有异物感、眼屎多等现象,应及时去医院治疗,或用利福平、10%~30%磺胺醋铣钠液等眼药水点眼治疗。

4.红眼病

做好宣传工作,红眼病好发于夏秋季。要避免与病人接触,若接触病人,要用肥皂洗手;不用手揉眼,手帕、毛巾、脸盆等应个人专用;禁止食用刺激性食物与饮酒;患病后不到公用澡堂洗澡、游泳池游泳。一旦发现红眼病人,立即隔离治疗。

5.预防龋齿、牙周病

保持口腔卫生、坚持早晚刷牙,方法要正确,饭后漱口;交替选用各种牙膏刷牙;合理饮食,少吃糖,养成良好的饮食习惯;定期检查。每学年定期发放保健牙刷,利用健康教育课教授学生怎样保护牙齿。

6.怎样预防蛔虫、蛲虫病

(1)饭前便后要洗手。

(2)不吸吮手指及咬指甲。

(3)生吃瓜果、蔬菜要洗净。

(4)不喝生水。

7.中暑的处理

(1)把病人移至通风荫凉处。

(2)用凉水毛巾敷于病人头部。

(3)喝淡盐水或凉茶补液降温。

(4)重症者送医院抢救。

8.骨折后的处理

(1)骨折病人如有伤口出血,应先找干净的毛巾或布单包扎伤口,压迫止血。

(2)找木板、竹条、塑料棒等把肢体骨折部位的上下两关节固定。

(3)尽快送医院治疗

9.艾滋病的防治

(1)加强大学生对艾滋病基本常识的宣传教育工作,在大学生中普及艾滋病常识,增强大学生防范艾滋病的意识。

(2)做好舆论宣传,开展丰富多彩的文化、科技、体育活动,丰富学生精神文化生活,教育学生远离艾滋病的传播渠道,珍爱生命,着眼未来。抓住"12.1 世界艾滋病"日的时机,集中时间开展艾滋病宣传。利用黑板报、宣传栏、校园广播、校园网等各种宣传阵地,张贴禁毒图片、手抄报、标语口号,刊登、发布禁毒知识,在校园内营造良好的禁毒氛围。

(3)组织学生积极参加防治艾滋病的活动。

(4)组织师生开展艾滋病知识培训,提高其知晓率。

(5)加强学校与大学生、大学生与学生和家长的沟通,及时掌握每个学生的行为动态,发现不良行为给予应对性施教和帮助。

(6)对 HIV/AIDS 子女不歧视,入学实行优惠政策。

(7)通过墙报、橱窗、标语、横幅、宣传牌等各种手段,广泛开展面向社会的防治艾滋病宣传教育活动,尤其是加强大学生等高危人群的艾滋病预防教育,并因地制宜举办内容丰富,形式多样,社会各界广泛参与,群众喜闻乐见的艾滋病宣传教育活动。

10.一般外伤后的处理

(1)按住伤口靠心脏的一端适当加压包扎可止血。

(2)用凉开水或盐水洗净创伤面。

(3)用碘酒或酒精局部消毒,贴上创可贴。

(4)如果扭伤,24 小时内不可揉捏、按摩,应冷敷。

第三节　正确就医用药

生病乃人之常情。生病、就医、用药是每个人一生中肯定会遇到的问题,但如何正确就医用药是每一个人都应重视的前提。所谓正确就医用药就是科学就医,合理用药。科学就医,合理用药主要表现在:

1.科学就医

(1)科学就医是指合理利用医疗卫生资源,选择适宜、适度的医疗卫生服务,有效防治疾病、维护健康。

(2)遵从分级诊疗,提倡“小病在社区、大病去医院、康复回社区”,避免盲目去大医院就诊。

(3)定期健康体检,做到早发现、早诊断、早治疗。

(4)鼓励预约挂号,分时段、按流程就诊。

(5)就医时需携带有效身份证件、既往病历及各项检查资料,如实陈述病情,严格遵从医嘱。

(6)出现发热或腹泻症状,应当首先到医疗卫生机构专门设置的发热或肠道门诊就医。

(7)紧急情况拨打120急救电话。

(8)文明有序就医,严格遵守医疗机构的相关规定,共同维护良好的就医环境。

(9)参加适宜的医疗保险,了解保障内容,减轻疾病带来的经济负担。

(10)医学所能解决的健康问题是有限的,公众应当正确理解医学的局限性,理性对待诊疗结果。

2.合理用药

(1)正确的诊断。

(2)注意病史和用药史。

(3)注意个体化用药。

(4)严格掌握适应症。例如大量的调查资料表明,目前国内滥用三素(激素、抗生素、维生素)的现象仍很普遍,超过国际个人平均用抗生素量三倍多。

(5)注意药物相互作用。

(6)注意不良反应。

(7)全面深入地了解药物的药动学和药效学特点,注意药物的选择和用法。

(8)注意方便用药。在一般情况下,凡能口服和外用给药就不要肌内注射,能肌内注射就不要静脉给药。

(9)注意药物经济学。

第四节 倡导健康生活方式

1.健康生活方式的概述

所谓健康生活方式是指人必须和社会相适应,人也要和环境相和谐,要有健康的人生观与世界观,一分为二地看待世界上的事,摆正自己在社会生活中的位置,这是心理健康的基础。

2.健康生活方式的表现

世界卫生组织对影响健康的因素进行过如下总结:

健康=60%生活方式+15%遗传因素+10%社会因素+
8%医疗因素+7%气候因素

1)刷牙时间

饭后三分钟是漱口、刷牙的最佳时间。这时候口腔里的唾液开始分解食物残渣,产生的酸性物质容易腐蚀牙釉质,使牙齿受到损害。夜晚刷牙比清晨刷牙好。

2)牛奶时间

牛奶含有丰富的钙。睡觉前饮用,可补偿夜间血钙的低落状态,保护骨骼。同时,牛奶有催眠的作用。早晨喝杯牛奶,可以补充一上午的蛋白质及能量。但最好不要只喝牛奶,以免优质蛋白被充当直接能量消耗掉,所以吃点面包等含碳水化合物的食品是有必要的。

3)水果时间

吃水果的最佳时间是饭前一小时。水果属于生食,最好吃生食后再吃熟食。注意,是饭前一小时左右,而不是吃完水果紧接着吃正餐。

4)喝茶时间

喝茶的最佳时间是用餐后一小时后。饭后马上喝热茶,并不是很科学。因为茶中的鞣酸可与食物中的铁结合,变成不溶性的铁盐,干扰人体对铁的吸收。

5）散步时间

饭后45分钟至一个小时，散步20分钟，热量消耗最大。如果在饭后两小时再散步，效果会更好。注意，最好不要刚吃完就立刻散步。

6）洗澡时间

每天晚上睡觉前，冲一个温水澡，能使全身的肌肉放松，减轻疲劳，也能减轻压力。

7）睡眠时间

午睡最好在中午十一点到下午一点之间，对心脏有好处。饭后半个小时就可以上床小睡一会儿，以半个小时到40分钟为最好。晚上，则以十点至十一点上床为佳，因为人的深睡时间在半夜十二点至次日凌晨三点，而人在睡后一个半小时就能进入深睡状态。

8）锻炼时间

傍晚锻炼最为有益，原因是：人类的体力发挥或身体的适应能力，都以下午或接近黄昏时分为最佳。此时，人的味觉、视觉、听觉等感觉最敏感，全身协调能力最强，尤其是心率与血压都较平稳，最适宜锻炼。

第五节　严防疾病传染

一、疾病传染的概述及类别

1.疾病传染

疾病传染由病原体（如病毒、立克次氏体、细菌、原虫、蠕虫、节肢动物等、不包括真菌）等引起，病原体均具有繁殖能力，可以在人群中从一个宿主通过一定途径传播到另一个宿主，使之产生同样的疾病，故称可传染性疾病。

2.疾病传染的类别

疾病传染的类别主要包括：流行性感冒、流行性脑脊髓膜炎、人感染高致病性禽流感、结核病等疾病。

二、如何严防疾病传染

疾病传染是针对传染病而言的。严防传染病，必须明确其区域分布状况和时间分布。严防疾病传染，国家要积极发挥疾病预防控制中心的作用，提高监管力度，加大预防效力。学校要整合好校医院的最基本设施，积极保证学校食堂的卫生，符合国家卫生监测标准。同时，要注意完善学校基础设施建设，为学生锻炼身体提供很好的平台。大学生要注意自身卫生，加强身体锻炼，增强体质，提高免疫力。

1.流行性感冒

流行性感冒简称流感，是由流感病毒引起的急性呼吸道传染病，具有很强的传染性。流感病毒分为甲、乙、丙三型。

(1)传播途径：以空气飞沫直接传播为主，也可通过被病毒污染的物品间接传播。

(2)主要症状：发热、全身酸痛、咽痛、咳嗽等。

(3)易感人群：人群对流感普遍易感，病后有一定的免疫力，但维持的时间不长，病毒不断发生变异，可反复引起感染发病。

(4)预防措施：接种流感疫苗已被国际医学界公认是防范流感的最有效的武器。由于流感病毒变异很快，通常每年的流行类型都有所不同。因此，每年接种最新的流感疫苗才能达到预防的效果。另外，锻炼身体，增强体质，在流感季节经常开窗通风，保持室内空气新鲜，老年人、儿童尽量少去人群密集的地方等，也是预防流感的有效措施。

2.流行性脑脊髓膜炎

流行性脑脊髓膜炎，简称流脑，是由脑膜炎双球菌引起的急性呼吸道传染病。

(1)传播途径：大多通过呼吸道飞沫传播而感染。

(2)主要症状：最初表现为上呼吸道感染，多数病人无明显症状,随后病人突然寒战、高热,体温可达40℃,头痛、呕吐反复发作,早期皮肤上可见出血点或瘀斑,1～2日内发展为脑膜炎,高热持续不退,头痛剧烈,频繁呕吐,伴有惊厥,甚至出现昏迷。

(3)易感人群:人群普遍易感。

3.人感染高致病性禽流感

人感染高致病性禽流感是由高致病性禽流感病毒引起的以呼吸道损害为主的人急性感染性疾病。

(1)传播途径:禽流感主要通过空气传播,病毒随病禽分泌物、排泄物及尸体的血液、器官组织、饮水和环境以及衣物、种蛋等传播,造成环境污染,亦可经过消化道和皮肤伤口而感染。

(2)主要症状:人禽流感的潜伏期一般为1～7天,出现的早期症状与一般流感相似,主要有发热、流涕、咽痛、咳嗽等,体温可达39℃以上,伴有全身酸痛,有些病人可有恶心、腹痛、腹泻、结膜炎等。

(3)易感人群:任何年龄均具有被感染的可能性。与不明原因病死家禽或感染、疑似感染禽流感家禽密切接触人员为高危人群。

(4)预防措施:养成良好的卫生习惯,饭前便后、接触禽类要用流水洗手;注意饮食卫生,不喝生水,进食禽肉、蛋类要彻底煮熟,加工、保存食物时要注意生、熟分开;搞好厨房卫生,不生食禽肉和内脏,解剖活(死)家禽、家畜及其制品后要彻底洗手。

4.结核病

结核病过去俗称"痨病",是由结核杆菌经呼吸道传播引起的全身性慢性传染病,其中以肺结核最为常见,也可侵犯脑膜、肠道、肾脏、骨头、卵巢、子宫等器官。

(1)传播途径:活动期的排菌(也就是痰涂片阳性或者痰培养阳性)肺结核病人是主要的传染源;结核病的传播途径有呼吸道、消化道和皮肤黏膜接触,但主要通过呼吸道传播。

(2)主要症状:结核病多为缓慢起病,长期伴有疲倦、午后低热、夜间盗汗、食欲不振、体重减轻、女性有月经紊乱等症状。严重的患者可有高热、畏寒、胸痛、呼吸困难、全身衰竭等表现。肺结核病人往往伴有咳嗽、咳痰,痰中可带血丝。结核杆菌侵犯脑膜、肠道、肾脏、骨头、卵巢、子宫等器官,可有头痛、呕吐、意识障碍、消瘦、腹泻与便秘交替,还可有血尿、脓尿、脾大、贫血以及妇科疾病的症状等。

(3)易感人群:人群普遍易感,但是与肺结核病人有密切接触的人群、机体对结核菌抵抗力较弱的人群(如幼儿、老年人、营养不良、尘(矽)肺、糖尿病患者、HIV 阳性或者艾滋病人等群体)是重点人群。

(4)预防措施:首先,应该提高自身的免疫力,加强锻炼,保证充足的营养。对于婴幼儿应按时接种卡介苗,以获得免疫力。其次,应注意房间通风,避免与已确诊的传染性结核病患者密切接触。再次,应积极、有效地治疗糖尿病、矽肺、百日咳等容易诱发结核病的基础疾病。

预防传染性疾病传播专家温馨提示:

(1)多通风:新鲜空气能够去除过量的湿气和稀释室内污染物。应定时开窗通风,保持空气流通;让阳光射进室内,因为阳光中的紫外线具有杀菌作用;也可用食醋熏蒸房间,起到消毒效果。

(2)勤洗手:传染病患者的鼻涕、痰液、飞沫等呼吸道分泌物以及排泄物等中含有大量的病原,有可能通过手接触分泌物和排泄物,传染给健康人,因此特别强调注意手的卫生。

(3)常喝水:特别在天气干燥的条件下,空气中尘埃含量高,人体鼻黏膜容易受损,要多喝水,让鼻黏膜保持湿润,能有效抵御病毒的入侵,还有利于体内毒素排泄,净化体内环境。

(4)补充营养:适当增加水分和维生素的摄入。注意多补充些鱼、肉、蛋、奶等营养价值较高的食物,增强肌体免疫功能;多吃富含维生素 C 的新鲜蔬菜水果,可中和体内毒素,提高抗病能力,增强抵抗力。

(5)减少对呼吸道的刺激:如不吸烟、不喝酒、少食辛辣的食物,以减少对呼吸道的刺激。

(6)避免受凉:当人体受凉时,呼吸道血管收缩,血液供应减少,局部抵抗力下降,病毒容易侵入。

(7)坚持体育锻炼和耐寒锻炼:适当增加户外活动,因为运动不仅能促进身体的血液循环,增强心肺功能,对呼吸系统也是一个很有益的锻炼。

(8)注意生活规律:保证睡眠充足。生活不规律易使免疫系统功能减弱;充足睡眠能消除疲劳,调节人体各种机能,增强免疫力。

(9)加强个人卫生和个人防护:要注意勤洗手、勤漱口,不要用脏手触摸脸、眼、口等部位。出门在外要尽量站在空气通畅的地方。避免去拥挤的公共场所。

(10)早发现,早报告,早治疗:当自己或周围的人出现发热、咳嗽、呼吸困难、气短等一种或多种呼吸道症状时,应及时到医院就医并报告给相关部门,切忌不当回事,更不要自己胡乱吃药,以免延误诊断和治疗,既耽误了自己,又可能影响他人。

(11)预防接种:及时给适龄人群接种疫苗,可有效预防许多呼吸道传染病。

(12)避免去人群集中的地方:人群集中的场所空气质量差、通风不够,而且人群集中的地方存在传染性疾病患者的可能性较大,因此尽量避免去人群集中的地方。

总之,疾病传染是当今全社会必须迫切关心的问题,这关系到国家建设,关系着人民幸福。

第十章 保持生活心理健康

第一节 拒绝赌博

一、什么是赌博

赌博是一种丑恶的社会现象,是利用赌具,以钱财作赌注,以占有他人利益和赢利为目的的违纪违法犯罪行为。这种行为是不劳而获、损人利己、尔虞我诈、唯利是图思想的反映,是一种腐朽思想的表现。

二、为什么要禁止大学赌博

1.经常赌博会荒废学业,违反校纪校规

赌博很容易上瘾,既花费精力又浪费时间,因而不可能遵守学校正常的作息时间,不可避免地要违反校纪。有的学生因长期熬夜,精神萎靡不振,就难免迟到、早退、旷课,即使勉强进了课堂,注意力也不可能集中;有的学生干脆白天在寝室蒙头大睡,晚上继续“挑灯夜战”。将功课放置一旁,学习成绩下降,甚至因多门课程不及格而被迫退学。

2.破坏同学关系,影响正常秩序

赌博是群体的违法犯罪活动,直接牵涉人际关系。一旦参与赌博,赢了的不会满足,输了的总想“返本”(把输的捞回来),正常的同学关系势必会受“你输我赢”或“我输你赢”这种利益关系的影响,同学之间的互助、友爱之情往往会被利益关系所替代。同时，赌博活动不可避免地影响周围环境，绝大多数不愿意参与赌博的同学有碍情面，不便或不敢出面直接制止，想学习、想休息、想从事其他娱乐活动者往往忍气吞声。时间一长，不满意、不信任的气氛必然产生。

3.容易走上违法犯罪的道路

根据有关部门统计资料表明，大学生中因参与赌博被学校给予开除学籍、留校察看之事时有发生，而因赌博走上了违法犯罪道路的现象屡见不鲜。

三、如何做到抵制和拒绝参与赌博

（1）要自觉遵守校纪校规，养成良好的遵纪守法意识，违法往往从违纪开始。

（2）充分认识赌博的危害，自觉培养高尚的情操，积极参加健康有益的文体活动，充实自己的业余文化生活。

（3）要防微杜渐，分清娱乐和赌博的界限。很多赌博成瘾的人都是从“赢饭”、“赢水果”、“派夜宵”、“来烟”、“带点刺激”、“不能空手玩”等开始的，久而久之，胆子大了，胃口也大了，从而陷入赌博的泥潭。

（4）思想上要警惕，不要因为顾及朋友、同学的情面而参与赌博，遇到他人相邀，要设法推脱决不参与。

（5）要从关心和爱护学生的角度出发，及时制止他人参与赌博，必要时要向老师和学校有关部门报告。

四、赌博的典型案例

案例一：一夜输了十几万

小赵1996年大学本科毕业，在广州工作了4年后，转到深圳一家房地产企业发展，任建筑工程师，收入不菲，很快就在龙岗布吉置下了房产。小赵的太太在一家外贸公司上班，收入也很可观，由于是两个白领的“强强结合”，小日子过得非常宽松滋润。安逸的生活在小赵的眼里似乎缺乏一股激情，他开始跟朋友出入一些地下赌档，寻找刺激。刚开始时，仅利用周末玩玩，下注也就几百元，输赢并不大。随着浸染的时间变长，下注的金额也渐渐变大，一个晚上输万元成了常事。

习惯了一帆风顺的小赵不甘心自己赌场上的失意，他觉得以他的才干只要一点点运气，就可以将堆在赌桌上的钱赢进自己的腰包。一天晚上，他拿出全部积蓄来到一家地下赌档玩俄罗斯转盘，当天晚上运气丝毫没有眷顾他，小赵带来的 10 多万元现金悉数流进了庄家的腰包。天亮时，庄家拿出 100 元钱，让身无分文的小赵打车回家休息。

案例二：一大学新生 1998 年考入重庆市某名牌大学，因疯狂地沉迷赌博，旷课一学期被学校留级一年。留级期间，又因旷课一学期，被学校勒令退学。之后，他回陕西老家补课 3 个月参加高考，并以 598 分，超过分数线 30 分的成绩考回原学校原专业。但他仍深陷赌博之中无法自拔，为筹赌资多次盗走同学财物。后来因 4 门课程未及格，只拿到结业证。几个月后，该学生被沙区警方刑拘时，想到打工供自己读书的弟弟、妹妹和父亲，不禁泪流满面。

案例解析：赌博是一种丧失理性，对人生缺乏信心，甚至是玩世不恭的一种表现。一个人对生活、学习和前途缺少足够的认识，生活中缺少积极向上的动力和信心，游手好闲、无所事事，一旦迷恋赌博便难以自拔，无端地耗费了大好的学习时光，荒废学业，往往是赢了之后还想再赢，输了之后还想再捞，会越陷越深，即便是万贯家财，最终也难逃一空。大学生在经济上并不独立，更缺少足够的经济支持作为赌资，甚至于有些同学输钱之后，连生活费都无法解决，现实的窘迫和无奈会令他们铤而走险，走上犯罪的道路。为筹集赌资，不惜偷盗、抢夺，以身试法，走上一条不归路。

第二节 远离毒品

一、什么是毒品

毒品是指鸦片、海洛因、吗啡、大麻、可卡因、冰毒以及国家规定管制的其他能够使人成瘾癖的麻醉药品和精神药品。吸食(包括注射)毒品或欺骗、容留、强迫他人吸食毒品,以及非法从事制造、贩毒已成为全世界的社会公害,每个大学生都不应染指,要充分认识其危害。

二、毒品有哪些危害

1.吸食毒品会严重危害人体健康

吸食毒品成瘾后会产生强烈的病态反应,如:烦躁不安、失眠、疲乏、精神不振、腹痛、腹泻、呕吐、性欲减退或丧失。人体内的毒品达到一定剂量后会刺激脊髓,造成惊厥,乃至神经系统抑制,引起呼吸衰竭而死亡。静脉注射毒品又是传染肝炎、肺炎、性病及艾滋病等多种传染病传染的重要途径。

2.摧残意志和精神,荒废学业

吸食毒品使人逐渐懒惰无力,意志衰退,智力和主动性降低,记忆力减退,致使学业荒废。

3.吸毒是诱发犯罪的重要原因

毒品不仅危害人的身体,摧残意志,而且还能使人丧失理智和人格。吸毒耗资巨大,诱发吸毒者为解决毒资铤而走险,走上了盗窃、抢劫、诈骗、杀人、贪污、受贿、卖淫等犯罪道路。有些吸毒者以贩养吸,从害已转为既害己又害人。

三、如何预防毒品的侵袭

(1)充分认识毒品违法犯罪活动的危害性,加强自身的学习和法律意识修养，培养高尚的情操和伦理道德观念。

（2）积极参加有益健康的文体活动，增强集体观念，培养广泛的兴趣和爱好，避免孤僻的生活方式。

（3）提高对毒品的防御能力，不要结交有吸毒恶习的朋友或听信他们的谗言。

（4）决不可因好奇而尝试毒品，防止上瘾而难于自拔。

（5）一旦沾染毒品，要积极主动向老师和学校报告，自觉接受学校、家庭及社会有关部门的监督戒除及康复治疗。

四、大学生吸毒的典型案例

案例一：浙江一女大学生吸毒贩毒被捕

张某在杭州上大学，大一暑假她因好奇跟着男友第一次吸食了毒品，当年12月再次吸毒后便上瘾。但由于自己还是学生，没钱购买毒品，而此时男友表示，他熟悉卖毒品的上家，在男友的建议下，她开始了贩毒路。

案例二：2015年重庆大学生吸毒案徒增

据重庆市江北区人民法院介绍，2015年前十个月，该院共审结贩毒案件285起，其中贩卖大麻案15起；涉及大学生贩毒案6起，其中5起涉贩卖大麻。相较于过去每年0~1起的大学生贩毒案来说，2015年以来大学生贩毒案陡增，且大学生贩卖大麻案竟占到所有贩卖大麻案的三分之一。

案例解析：吸毒大都自精神的空虚开始。为寻求精神上的刺激，沾染毒品，继而生理上对毒品产生极大的依赖性，精神和身体上都产生对毒品的渴望，追求吸毒后的快感。理想、事业、前途也随着吸毒的次数增多而灰飞烟灭。吸毒又是非常昂贵的消费，作为一名经济上并不独立的大学生，根本无法支付如此巨额的开销，为寻找毒资，不惜出卖自己的身体，或偷或抢，想尽一切办法弄钱，筹集毒资。吸毒成了生活的中心，丧失了人的本性，成了危害社会的毒魔。

正因为如此，国家对从事毒品违法犯罪活动的处罚是非常严厉的。《中华人民共和国刑法》第三百四十七条规定:凡是走私、贩卖、运输、制造毒品的,无论数额大小,都依法追究刑事责任。对吸食、注射毒品,无论数额大小,都依法追究刑事责任。对吸食、注射毒品的违法人员处以拘留和罚款;吸毒成瘾者予以强制戒毒。屡教不改的,对其进行劳动教养,在劳动教养中强制戒毒。

第三节　正确对待爱情

一、什么是爱情

爱情是男女双方基于一定的社会基础和共同的生活理想,在各自内心形成的相互倾慕并渴望对方成为自己终身伴侣的一种强烈、纯真、专一的感情。因为有了爱情,爱侣之间相互扶持、相互帮助,促进彼此的生活不断进步,从而也促进了全社会的进步。爱情观是一个人面对爱情应有的态度、观点和方法论。

二、大学生认识爱情的几个误区

1.从众行为

有的大学生认为,别人都有了男朋友或女朋友,而自己却没有,说明自己能力不行,所以无论如何也要谈一次恋爱。这样的爱情是很危险的,草率的爱情很难成功,所以分手的机会很大,付出的感情恐怕都要付诸流水。这类学生应该去看动画片《花木兰》,其中木兰的爸爸借满树盛开的花丛中一朵含苞待放的花骨朵儿对落选秀女的木兰说:“不要急,迟开的也许就是最艳丽的!”

2.唯爱是从

恋爱中的男女容易被爱情冲昏头脑,爱情至上,什么都不顾及了,学业和社会工作都抛之脑后。美好的爱情是理智与情感的有机统一,失掉理智的爱情迟早会毁掉双方。

3.为了填充生活的寂寞

很久前听到这样一首诗:“床前明月光,人影一双双,唯我独徘徊,心里憋得慌。”于是他们得出这样一个结论:“空虚+空虚=不空虚”。有人说:“哥恋的不是爱情,恋的是寂寞而已。”不难看出,对于这些学生而言,恋爱只是一种打发时间的方法,只是一种暂时的情感填空而已。

4.爱情要以婚姻为目的

有的学生说,大学很漫长,所以找个伴陪伴度过吧。这是极端错误的。美好的爱情是以心爱的两个人最终一起踏上红地毯,在家人和朋友的祝福下结为夫妻,共同度过人生的风风雨雨为目标的。大学生要树立远大的志向和理想,充填自己的抱负,扎扎实实地度过真切而奋进的大学四年,这才是真正的大学生活。

三、树立正确的爱情观

1.摆正爱情的位置

虽然有人常说“没谈过恋爱的大学生活是不完整的”,但是谈恋爱却不是大学生活的全部,甚至是可有可无的一部分。大学生在没有走去校门之前都还是学生,而学生的本职工作就是学习。有过恋爱经历的人都会体会到爱情虽然能给人甜蜜浪漫的感觉,但是它同样会是学习生活的“烦恼源”。摆正爱情的位置,就要认识到爱情虽然在人生中占有重要的地位,没有爱情的人生是不完整的,但是爱情不是人生的根本宗旨,更不是全部,只为爱情而活着的人生是苍白的。所以大学生更应该好好学习,要知道努力学习,好好工作才是将来爱情美好的基础。

2.培养自制力

恋爱是美好的、甜蜜的,恋爱了就意味着要花更多的时间给两个人了,因为感情需要培养。但是在一起不是无限制的,不是分分秒秒都不能分离的,也不是分开后长时间的“煲电话粥”。爱情中没有谁离不开谁,两个人选择相爱并不是选择失去自我,所以在给两个人时间的时候也要多给自己考虑下,培养自制力就从控制在一起的时间做起。

3.促进正常交往

(1)要端正交往的心态。不是为了打发寂寞而爱,而是为了爱而爱,这样两人在交往的过程中就会给对方足够的尊重,就不会做出伤害一方的事情了。

(2)爱是神圣的。不要只沉溺于爱情中两个人身体的接触,要知道真正精神上的相爱才是高尚持久的。

(3)互帮互助,共同进步。大学生的恋爱基本上不用担心生活问题,所以两个人在一起的时候应该更多地去考虑学习上的事情,要互相帮助,取长补短,从而达到共同进步。

四、如何树立正确的爱情观

1.对物质方面的付出要有正确的自我认识

校园中的学生都还是消费者,大都没有经济来源,每个月的生活费都是父母的血汗钱,而很多人却拿着这些钱在爱情中充大款。只要谈恋爱就要“烧钱”,在一起的时候要给对方买东西而且还不能寒酸,不在一起的时候就没完没了地打电话,过节过生日的时候还不能忘了送礼物。这样一算起来,生活的开销的确是有点大,当浪漫与甜蜜建立在物质基础上时,经济压力也就严重超出了一个大学生可以承受的能力范围了。所以在一定意义上说,在校谈恋爱的学生都是父母在帮忙谈啊,因此在谈恋爱的过程中要把握好物质与爱情的关系,将物质享受与爱情分开来,不能将物质当作爱情的筹码。

2.在精神方面要充分认识

靠精神意志、精神交流来维持一段完美的大学爱情是我们应该要去学会的。离开了父母的怀抱,我们在生活上渐渐独立,开始学着自己去适应环境,走向社会,只有精神上的交流才能把两颗心紧紧地绑在一起,从而提高人格。我们需要怎么做才能丰富自己的精神世界呢?

(1)思想理论是培养素养和内涵的最佳选择。作为大学生应该博览群书，为以后的社会实践提供软实力，在学习经典的思想理论时要把精髓都内化成自己的东西，树立了正确的人生观、价值观、世界观后，自然就会形成正确的爱情观。理论思想的学习，思想素养的形成对于大学生的思想体系的构建有着深远的意义，尤其对于“爱情”这一极为感性的思想能起到理性的指导作用。

(2)文艺作品有助于陶冶积极健康的情操。接受优秀文艺作品的熏陶有潜移默化的效果，会逐渐将自我的思想向艺术完善，有助于构建大学生健康积极的爱情观。

3.社会和家庭应该给予正确的鼓励与引导

大学生是个有较高文化水平的知识群体，他们有自己的思想和主见，因此当他们的道路出现偏差时，社会和家庭不应一味地指责与埋怨，而是要在平等自由的基础上进行深入的交流。来自家庭和社会的压力往往会让原本就脆弱的大学生爱情更加不堪一击，为了避免悲剧的发生，家庭和社会应该对大学生进行爱的教育，要积极引导。父母婚姻的状况往往会对大学生的爱情观产生很大的影响，所以在家庭方面，父母除了要给孩子一个优越的生活环境，更要给他们一个良好的精神世界，对任何事物和感情都有正确的认识。

爱始终是人类最美的语言，虽然它并不一定完美，但是人们也正是在追逐这并不完美的情感中才显得可歌可泣。爱是浪漫、是甜蜜，但它更应该是责任，尊重与担当，拥有美好未来的爱才能恒久流传。希望在追逐真爱的路上，每一个人都是勇士，用真心换真心，好好享受那份属于自己的成熟爱情。

第四节 维护心理健康

一、什么是心理健康

心理健康是指一种良好而持续的生活适应状态。其一，心理健康是指人能适应生活,而对生活中的一切,不论喜怒哀乐,均能平静接受;其二,心理健康是指人的这种适应状态是持续稳定的,而非瞬间发生的。美国心理学家马斯洛认为心理健康表现在十个方面:

(1)具有适度安全感受。

(2)具有适度的自我评价。

(3)生活的目标能切合实际。

(4)能与现实环境保持良好的接触。

(5)能保持人格的完整与和谐。

(6)是否具备从经验中学习的能力。

(7)能否保持适当和良好的人际关系。

(8)适度的情绪表达与控制。

(9)在不违背团体的原则下能保持自己的个性。

(10)在不违背社会成规的条件下,对个人的基本需求能做恰如其分的满足。

二、什么是不良心理

不良心理包括心理障碍和心理疾病。所谓不良心理是相对于健康而言的,大学生的不良心理往往表现为心理障碍现象。健康心理是指个人能以积极的、稳定的心理状态适应生活、学习、工作中各种内外因素、环境、政策的变化,从而保持应有的心理平衡。而不良心理或心理障碍是指这种心理平衡被打破,出现了异常的心理倾向。

大学生不良心理表现比较集中的方面有:

1.学业方面

表现为考试焦虑、成绩不稳定、学习压力过大、负担过重、专业不理想、缺乏学习动力、厌学情绪比较严重、没有学习欲望。

2.人际关系方面

表现为沟通不良,交往恐惧、人际冲突、关系失调、孤独封闭、缺乏社交技能等，从而产生自卑、自负、嫉妒、冷漠等不健康心态。

3.恋爱与性方面

表现为与异性交往困难、因单相思而苦恋或失恋、陷入多角关系不能自拔、对性冲动的不良心理反应、对性自慰行为的过分自责、时常产生性幻想。

4.人生态度方面

表现为对人生意义的理解、人生价值的取向、人的本质的认识等问题产生消极的评价倾向。经不起批评、打击和失败。

5.其他

如家庭关系、经济困乏、职业选择、个人发展方面，出现困惑和苦恼以及情绪的不稳定等。

三、引发大学生心理问题的因素

1.交际、交往的困难是诱发心理问题的首要因素

进入大学的青年男女在现实生活中是一个独立的个体，较中学时代相比，缺少父母、亲朋、师长的关照，因此有些大学生不会独立生活，不知道如何与人沟通，不懂交往的技巧与原则。有的学生有自闭倾向，不愿与人交往；有的学生为交际而交际，不愿牺牲原则随波逐流。

导致大学生交际困难有以下几个原因：

(1)目前大学生多为独生子女，父母对其教育不当造成了一些负面效果，如任性自私、为所欲为。

(2)由于从小缺乏集体环境而导致缺乏集体感与合作精神。

(3)家长的过分包办使独生子女上大学之后缺乏最起码的独立生活及为人处世的能力。由于交际困难，一方面导致大学生产生自闭偏执等心理问题，另一方面因无倾诉对象，有问题的学生更会加重心理压力，还易导致心理疾病。

2.情感困惑和危机是诱发心理问题的重要因素

当前，大学生对情感方面的问题能否正确认识与处理，已直接影响到大学生的心理健康。大学生因恋爱所造成的情感危机是诱发大学生心理问题的重要因素,恋爱失败往往导致大学生心理变异,有的人因此而走向极端,甚至造成悲剧。

3.角色转换与适应大学生活的能力高低是诱发心理问题的又一重要因素

大学新生都有一个角色转换与适应的过程,每年刚入学的大学生往往会出现各种各样的心理问题,心理学上将这一时期称为“大学新生心理失衡期”。导致新生心理失衡的原因首先是现实中的大学与他们心目中的大学不统一,由此产生心理落差;其次是新生对新的环境、新的人际关系、新的教学模式不适应,产生困惑而造成心理失调;另外,新生作为大学中普通的一员,与其以前在中学里作为佼佼者的感觉大不一样。

大学新生对新环境不适应,如果得不到及时调整,便会产生失落、自卑、焦虑、抑郁等心理问题,有的学生还会因长期不适应而退学。

4.学习与生活的压力也会诱发心理问题

进入大学后,教师的授课方式、学生的学习方法、习惯都会因环境的变化而有很大的变化,学生被迫做调整;部分大学生所学的专业并非是自己理想的专业,使他们长期处于冲突与痛苦之中;课程负担过重,学习方法有问题,精神长期过度紧张也会带来压力;另外还有参加各类证书考试及考研所带来的应试压力等。精神长期处于高度紧张的状态下,极可能导致大学生出现强迫、焦虑甚至是精神分裂等心理疾病。生活的压力主要在于学生不善于独立生活和为人处世。还有生活贫困所造成的心理压力,有些人虚荣心太强,经不起贫困带来的精神压力,总觉得穷是没面子的事,不敢面对贫困,与同学相处敏感而自卑,采取逃避、自闭的做法,有的同学甚至发展成自闭症、抑郁症而不得不退学。

5.就业压力的增大也是诱发心理问题的因素之一

近几年来,由于社会竞争的加剧,就业市场的不景气,大学生找工作或找比较理想的工作越来越困难。这对大学里众多高年级学生造成很大的精神心理压力,使他们因焦虑、自卑而失去安全感,许多心理问题也随之产生。

6.对网络的依赖是引发心理问题的一个重要原因

不少大学生一方面因交际困难而在网络的虚拟世界里寻找心理满足,另一方面也被网络本身的精彩深深吸引。所以,有些大学生对网络的依赖性越来越强,有的甚至染上网瘾,每天花大量时间泡在网上,沉湎于虚拟世界,自我封闭,与现实生活产生隔阂,不愿与人面对面交往。这样久而久之,会影响大学生正常的认知、情感和心理定位,还可能导致人格分裂,不利于健康性格和人生观的塑造。迷恋网络还会使人产生精神依赖性,在日常生活和学习中举止失常、神情恍惚、胡言乱语、行为怪异,甚至发展成为"网络综合征"。

7.对独生子女教育不当造成的后遗症,是导致大学生心理问题频发的另一诱因

独生子女群体已成为当前大学生的主体。由于升入大学前期对独生子女的教育不当,使得独生子女出现任性、自私、不善交际等问题,而这些问题往往源于独生子女从小就备受家人的溺爱,缺乏集体合作精神。在溺爱环境中长大的孩子,常会养成许多不良习性,这些习性则成为诱发心理疾病的原因,使人产生暴力倾向和行为。

8.家庭及外界环境的不利影响引发大学生心理问题

家庭及外界环境的不利影响也会成为诱发大学生心理问题的因素,比如不当的家教方式、单亲家庭环境及学校环境的负面影响、消费攀比、对贫困生的歧视、学习节奏过于紧张等。

四、如何调适自己的心理情绪

一个人对事物及问题的认识不同,会产生不同的情绪。大学生正处在世界观、人生观、价值观的形成阶段,对事物的认识和对问题的看法往往有失全面性和客观性。如果不注意完善，提高自我，就会陷入情绪化、不理智，对未来失去信心，长此以往，还可能形成不健康的心理。大学生要定时调整自己的情绪，不妨采取以下方法。

1.调整认识角度

美国心理学家艾里森在20世纪50年代创立的“合理情绪疗法”理论认为，情绪困扰并不一定是由诱发性事件直接引起的，常常是由经历者对事件的非理性的解释和评价引起的。如果改变了非理性观念，调整了对诱发事件的认识和评价，领悟其中的理性，情绪困扰就会消除。现实生活中的许多情绪困扰都是这样，如果从非理性的角度去认识某一事物或问题，会使人恨恨不已；如果换个角度去认识，理性一些去认识，就会使人豁然开朗。正所谓“退一步海阔天空”，或者说“换个角度天地宽”。

2.学会难得糊涂

对一些无关大局的非原则性的外部刺激，在认识上要模糊一些，在心理感受上要淡漠一些，当别人在背后说自己几句话时，或因一些小事与人发生口角时，或偶遇失意时，不妨有意识地控制一下自己的情绪，坦然处之，不斤斤计较，不耿耿于怀，做到大事清楚，小事糊涂。这种超然处世的态度，显示出一个人的态度、自信和修养，需要有意识地经常加以培养。

3.合理进行宣泄

人的情绪处于压抑状态时，应该加以合理宣泄，这样才能调节机体的平衡，缓解不良情绪的困扰和压抑，恢复正常的情绪情感状态。如遇到挫折和失败，内心苦闷难受时，畅快地哭一场，或者找人诉说一通，都是缓解情绪压抑的好办法。日本一家企业专门购置了旋转吊袋供对企业有不满情绪的人击打，发泄后再畅谈一番。国外一些城市、大学内，设立多种形式的心理咨询机构，如“自杀咨询电话”、“大学生心理咨询中心”等，将自己信任的老师、同学、老乡、恋人，特别是受过专门训练的心理咨询人员，作为倾吐的对象。这些人可以成为大学生缓解消极情绪压力的“精神港湾”。

4.通过活动转换

当出现不良情绪反应时，头脑中有一个较强的“兴奋灶”，此时如果能够在头脑中建立起另外的“兴奋灶”，可以使原先的“兴奋灶”冲淡或抵消。这就是利用环境的调节和活动的转移来排忧解惑的又一方法。例如，苦闷烦恼时，出去散步或听听音乐，会使人心情舒畅一些；当怒不可遏时，可强迫自己做一些别的事情，分散注意力，从而稳定情绪；失恋中的青年，可以把学习或工作的日程排得满一些，紧凑一些，使自己沉浸于繁忙的学习和工作中。

5.巧用幽默缓解

幽默感是消除不良情绪很有用的工具。当人们遇到某些无关大局的不良的外界刺激时，如别人的讪笑、挖苦等，要避免陷入激怒状态，最好的办法就是超然洒脱一些。一个得体的幽默，一句适宜的俏皮话，常常可以使已经紧张的局面轻松起来，使一个窘迫难堪的场景消逝。幽默，是智慧的表现，是成熟的表现。乐观地对待生活，不为任何挫折、失败和痛苦所压倒，这样的人才是真正的强者。幽默感，正是在这样的意志锤炼中培养起来的。

五、如何面对挫折

一个人的一生中不可能总是一帆风顺。风华正茂的大学生将随着知识的积累、阅历的丰富逐步走向成熟。在这些过程中，大大小小的挫折将时刻伴随，只有敢于和善于直面人生挫折，才能在挫折中奋发，在拼搏中成功。

1.要正确地认识挫折

挫折指人在达到自己人生目标过程中所受到的困难以及因无法克服这种困难而产生的一种紧张状态和情绪反应。从哲学上讲，挫折的产生既是必然的，又是偶然的。说其必然，是指在人生整个过程中，人们总是或多或少，或轻或重地可能遇到各种不同的挫折；说其偶然，即在人生旅途中，每个人可能遇到什么样的挫折、什么时候发生挫折是很难预料的。了解到挫折的特征，就容易应对人生挫折了。

2.冷静且客观地分析挫折产生的原因

挫折的产生不外乎客观原因和主观原因两种情况。客观原因即外界条件的限制和阻碍，这种条件主要包括自然条件和社会条件。自然条件的限制和阻碍，这种条件主要包括自然条件和社会条件。自然条件如天灾人祸；社会条件如社会政治动荡、战争等。无论是自然的天灾人祸，还是社会变迁影响，对于个体都是不可选择的。因为人不可能选择家庭出身、选择社会时代，更不可选择自然。主观原因，即主体条件的限制和阻碍，它主要包括行为者自身的条件和认识的偏差两个方面。个体自身的条件如容貌、身高、健康、经济状况、智力、心理素质等影响个人目标实现的因素。认识的偏差表现为目标过高和期望值过高，致使无论怎样努力都难以达到目标。

青年期正是自我意识确立的敏感期，思维方式的两极波动异常使青年走向简单否定。因此，冷静地对产生挫折的原因进行客观的分析不仅需要掌握唯物辩证法这个基本武器，还要善于改变自身的不良个性。

3.积极寻求战胜挫折的方法

认识和分析挫折的目的是为了战胜挫折。要战胜挫折，就必须找到适当的方法。

1）热爱生活

从人生态度的层面上看，热爱生活反映了人生的一种基本信念，提示了人对自己、对社会及其生活的一种积极倾向，这种倾向内在地奠定了人们正视产生任何挫折可能性的心理基础。

2）锻炼意志力

不论是从社会发展还是人生的进步方面看，人类社会和个体的每一次进步都是以物和人的牺牲为前提的。在今天这个多变转型的社会中，一个人要想成功，必须要具备顽强的意志。只有一个好的智力而没有坚强意志力的人,是很难适应社会进步的。

3)重建目标系统

当人陷入某种困境时,理性的迷失或降低都是常见的情形,因此要走出认识上、心理上的某些误区,重建自己的目标体系。这才是一个理智的、成熟的人的标志。

4)要有成败两手准备

这是前人人生经验的总结,更是生活辩证法的揭示。有了“最坏”的准备,就等于增强了心理承受力。有了对挫折较强的心理承受力,再加上向“最好”处努力,就能够构成积极的人生态度,这有利于在人生实践中把握自主性,减少盲目性;增强主动性,减少被动性。

六、如何看待自杀行为

自杀是个人有意识地结束自己生命的行为,是在个人陷入极度的绝望中而无法解脱时所选择的解脱自己的一种自残行为。一个心理健康的人,一个有社会和家庭责任感的人,一个对人生价值和意义有发现的人,是不会为了自己的精神和肉体的解脱而选择自杀的。人的价值往往是在与厄运的抗争中呈现出来的。鲁迅说过:“伟大的心胸,应该表现出这样的气概——用笑脸来迎接悲惨的厄运,用百倍的勇气来应会一切的不幸。”屈原遭放逐作《离骚》,司马迁受宫刑作《史记》,都是在挫折环境下抗争的典范。对于那些因失恋、生活困难、别人不能理解自己、身体有痛疾而自杀的人来说,自杀是屈服于挫折和逆境的表现,是一种脆弱的表现,是一种不负责任的逃避行为。自杀,不但不会解决什么问题,反而会给生者留下无限的遗憾和痛苦。生命对于每一个人只有一次,仅仅为了这一次,父母为此付出了很大的心血,寄予了很大的希望。一个人的自杀也许会导致他的亲友由希望变为绝望,由欢乐变为永远的痛苦,因此自杀应当受到人们的唾弃和谴责。

哲学家黑格尔曾说过,自杀是一种“卑贱的勇敢”。试想当你以自杀方式自以为得到解脱时,你的家人、朋友该有多难过,尤其是家人,自杀会带给他们一生的痛苦。在遇到困难时,大学生应该学会这样做:

1.自我安慰

应该相信自己是很不错的,应该欣赏自己。当事情没有如你所希望的那样发展时,也要试着去接受它,要善于满足现状,要很高兴地感到:事情原本还更糟呢。

2.培养多方面的兴趣

有多方面的兴趣,如打球、绘画、听音乐、下棋等,对于青少年来说是很重要的。在遇到挫折和失败时,应将注意力转移到兴趣中去,从中体验到快乐,忘却烦恼。

3.结交知心朋友

一个人在烦恼、迷惘、焦虑、不满时,如果有知心朋友陪伴左右,倾诉心里话,宣泄情感,并对此表示理解时,忧郁可能会减少一半。

4.寻求社会力量的帮助

大学生可以到专门的心理门诊寻求心理工作者的帮助,也可以打热线电话宣泄烦恼,可能在与他们的交谈中,他们对你的情绪进行疏导,会使你放弃自杀这一很不明智的想法。

第十一章　确保日常学习活动安全

第一节　实习实验安全

安全是一个永恒的话题。关注大学生安全问题应该切实深入到大学生生活、学习、工作等的各个方面。大学生生活学习期间，实习是一个重要的环节，实习是检验自身理论知识水平如何运用到现实生活中一个重要阶段。而实验是学习、工作中都会接触到的，也是一些专门的理工科学生必然接触到的，也是实践中必然要运用到的。所以重视实习实验安全，也是关注大学生健康成才成长的重要方面。

一、实习教学中的安全

1.实习的概念

实习，就是在实践中学习，是在课堂学习告一段落之后，通过实践自己所学的内容，来完善自己的知识体系，加深课堂与实践的联系。因为任何知识都源于实践，归于实践，所以要付诸实践来检验所学。

实习一般包括认知实习(社会调查)、课程实习、生产实习、金工实习、电子工艺实习、毕业实习等。实习教学可采取集中与分散、校内与校外、省内与省外、实习教学与课程教学相结合的多种形式。

2.实习的意义

(1)验证自己的职业抉择，在了解自我的基础上确定未来的职业理想。

(2)了解目标工作内容,在确定自己适合文案工作后,在了解工作内容后就要尝试着操作,争取在实践中把文案的工作都做完,从而明确自己的优劣势。

(3)学习工作及企业标准,知道了文案工作都要做什么后,就要了解企业及业内对每项工作内容所要求的流程和标准。这时若能以业内及企业的最高标准来要求自己,无疑是向业内的一流人才发展。

(4)找到自身职业的差距,实习不单是为了落实工作,更要明确自己与岗位的差距以及自己与职业理想的差距,并在实习结束时制定详细可行的补短计划。若能从明确差距、弥补不足的高度来看实习,就会从实习中得到更多。

3.实习教学中事故的主要成因

1)实习生心理准备不充分

实习前,学生往往对企业环境、实习工作过程和生产环境的认识理想化。进入实习现场、对可能遇到的种种困难、问题与突发事件,缺乏应有的心理准备。因此,一旦遇到突发事件就会手足无措,因操作失误导致事故发生。

2)实习生安全意识淡薄

实习生对于学校与企业的安全教育,缺乏足够的重视,看到带班师傅的工作觉得比较简单,认为自己已完全掌握,高估了自己的能力,对于实习伤害事故的危害性认识不够深刻。

3)实习生操作技能水平低下

实习生的职业技能水平及对操作规程的了解,直接影响系统的安全运行与操作的可靠性。尤其是当面对突发事件时,实习生的职业技能水平决定了对事故的判断与操作行为的决策,并决定了事故控制处理的成败及事故后果的严重性。

4)实习指导教师对生产过程缺乏深入的了解

在实习生参与企业实习时,实习指导教师没有做到跟踪指导,关注实习生实习现场与工作状况。

5)实习单位管理松懈

有些实习企业,特别是小型企业,自身的安全管理机制不完备,管理松懈,安全生产制度没有得到有效落实。

4.实习教学安全事故的预防措施

由于伤害事故问题而引起的实习生、学校与企事业单位间的法律纠纷日益凸显。而在我国,关于实习生伤害事故的处理,从法律层面上来讲,还有许多不完善的地方。实习是必修环节,通过实习,让学生了解真实的生产环境与生产过程,掌握操作技能。企业的真实生产环境、生产过程比校内实习、实训场地更为复杂,不可预测性及安全隐患更多,管理上更为困难。因此,在实习中,实习生需要遵守以下的几点措施,增强自身的安全防护意识。

1)往返途中

(1)学生在实习实训期间,往返学校和公司、工厂等,一定要服从学校安排,不得随意调整时间、脱离集体单独行动。

(2)学生单独外出实习的,应该合理选择交通工具,不乘坐超载车船;不乘坐没有营运许可的车辆。上下车有序,防止踩踏事故发生。

(3)不与陌生人攀谈、不吃陌生人的水和食物。不向陌生人透露自己的基本信息和要到达的目的地。随时提高警惕,保护好个人财产安全。

2)实习实训期间

(1)学生在实习实训期间,应该遵守公司、工厂等单位规章制度,严格操作流程。

(2)学生在实习训中如有思想波动,应主动与带队老师或辅导员取得联系,汇报工作和生活情况;不得擅自脱离岗位,甚至不假离开实习单位。

(3)工作期间如发现异常情况应及时向当班领导汇报。

(4)严格交接班制度,下班时及时切断电源、气源,熄灭火种,清理场地。

(5)在实习驻地,应自觉遵守当地风土人情,避免与当地群众或其他人员发生冲突,做到宽容与谦让。

(6)在实习实训期间应合理安排作息时间,如突发疾病可马上与单位领导和带队老师联系,以利及时救治。

(7)学生到工作间实习实训,不准穿拖鞋、凉鞋,不准戴围巾,男同学不准穿短裤、背心,女同学不准穿高跟鞋、裙子。严格遵守设备的操作规程,严禁违章操作,确保设备和人身安全。

(8)不准在车间内追逐、打闹、喧哗、串岗和抽烟等,以免造成事故或影响他人工作。

(9)不准随意触碰工作间里的电闸、开关、配电柜等,以防造成停电短路事件及人身、设备伤害事故。如发生事故,要保持冷静,迅速切断电源,防止事故扩大,并注意保护现场,及时向指导教师报告。实习实训结束后,要切断电源,关好门窗。

二、实验教学中的安全

1.实验教学的概念

实验,是科学研究的基本方法之一。根据科学研究的目的,尽可能地排除外界的影响,突出主要因素并利用一些专门的仪器设备,人为地变革、控制或模拟研究对象,使某些事物(或过程)发生或再现,从而去认识自然现象、自然性质、自然规律。

大学的实验教学,其结果往往是已经知道的或者是确定的,进行实验的目的是为了验证结果或找出与结果不同的实验条件。很多时候是为了教育或培训学生,让学生通过实验掌握一定的科学知识,加深对所学知识的理解。

2.实验室常见安全事故

由于大学中实验经常在实验室中进行,故而这里主要分类别讲解实验室中常见的安全事故的起因及防范应急措施。主要讲解事故包括:火灾事故、触电事故、爆炸事故。

1)火灾事故

主要发生原因:

(1)实验结束后忘记关电源或在实验过程中擅自离开实验室较长时间,造成设备通电时间过长,温度过高,引起火灾。

(2)风干机、电烤箱、电热炉等电热设备老化,温控装置失灵,造成实验用品温度过高,引起火灾。

(3)操作或使用不当,使易燃物品接触火源。

(4)在实验室抽烟或乱扔烟蒂引起火灾。

(5)将生活用火用于实验室内引起火灾。

火灾预防措施主要有:

(1)在实验前认真检查实验设备的安全性能状况,发现电线及设备存在故障时,应及时报告老师。

(2)进入实验室应严格遵守实验室管理规定,不得违规在实验室内吸烟或使用电器,不要将与实验无关的物品带进实验室。

(3)实验操作时应精力集中,尤其是使用易燃易爆物品时要细心谨慎,实验结束前不得擅自离岗。

(4)实验室严禁使用非工作用电炉或其他明火。若实验需要使用,必须远离可燃物和易燃易爆化学物品,使用过程中时刻注意消防安全,停电或停用后及时切断电源。

(5)实验结束后,不要急于离开实验室,要对实验室进行全面清理,关闭电源、水源、气源,处理残存的化学物品,清扫易燃的纸屑等杂物,以消除火灾隐患。

(6)了解实验室灭火器材的种类、存放位置和使用方法。一旦实验室发生火灾,在报警的同时,立即使用灭火器材灭火。熟悉实验室的安全通道,以便发生火灾时能迅速逃生。

火灾的应急措施:

(1)发现火情,实验人员应立即采取措施处理,防止火势蔓延并迅速报告。

(2)确定火灾发生的位置,判断火灾发生的原因,如压缩气体、液化液体、易燃液体、易燃物品、自燃物品等。

(3)明确火灾周围环境，判断是否有重大危险源分布及是否会带来次生灾难。

(4)明确救灾的基本方法，并采取相应措施。

(5)视火情拨打“119”报警求救，并到明显位置引导消防车。

2)触电事故

主要发生原因：

(1)违反操作规程进行操作，导致触电事故。

(2)设备老化导致电线脱落而存在故障和缺陷，造成漏电和电弧火花伤人。

触电预防措施主要有：

(1)实验前，仔细检查线路是否符合安全用电的规范要求；对各种移动用电工具和线路进行检查，确保绝缘良好，发现问题应及时向老师汇报。

(2)不用湿手操作各种电器开关或触摸各种电器，实验所用的电工工具应有良好的绝缘手柄。最好穿胶底鞋进入实验室。

(3)不能用铝、铁、铜制导线代替熔断丝，不能使用不符合规定的熔断丝。

(4)实验结束后，将所有电源插座拔掉，关闭所有电源开关。

触电的应急措施：

(1)触电急救，首先将触电者迅速脱离电源；触电者未脱离电源前，救护人员不得用手直接触及伤员。

(2)触电者脱离电源后，神志清醒者，应使其就地躺平，严密视察，暂时不要站立或走动；如神志不清，应该就地仰面躺平，并确保呼吸畅通，并以5秒时间间隔呼叫伤员或轻拍其肩膀，以判定伤员是否丧失意识。禁止摇动伤员头部呼叫伤员。

(3)抢救的伤员应立即就地用人工肺复苏法抢救，并设法联系医务人员进行救治。

3)爆炸事故

主要发生原因：

(1)违反操作规程,引燃易燃易爆物品,引起爆炸。

(2)实验设备老化,存在故障或缺陷,造成易燃易爆物品泄漏,遇火花引起爆炸。

(3)将有机溶剂存放在没有防爆功能的普通冰箱内,一旦泄漏即引起爆炸。

爆炸事故预防措施:

(1)了解爆炸物性能,了解导致其爆炸的因素。

(2)在操作时,严格遵守各项法律法规、规章制度。关于易燃易爆物品的使用,国家与学校相关实验室都有相应的操作规程,需要严格遵守。

(3)小组内操作时,需要统一指挥,严密配合。

(4)发现丢失爆炸品或易燃物时,要及时上报,不应私自隐瞒处理。

爆炸事故的应急措施:

(1)实验室发生爆炸时,实验人员在其认为安全的情况下必须及时切断电源和管道阀门。

(2)所有人员应听从临时召集人的安排,有组织地通过安全出口或用其他方法迅速撤离。

第二节 求职陷阱

随着大学毕业生数量的增加和就业压力的不断增大,大学生的就业焦虑也越来越高,求职心情非常迫切。许多学生为了找到一份满意的工作,遍投简历,广搜信息,只要是符合自己意愿的招聘信息,就积极行动,绝不放过,但这也给不法分子造成了可乘之机。有的不法之徒利用大学生求职心切的心理,巧设名目,设置求职陷阱,给大学生求职蒙上难以抹去的阴影,造成恶劣的社会影响。

一、常见的求职陷阱

1.中介骗局

这类中介往往是“一间小屋、两部电话、三个人”，当求职者交纳数目不菲的中介费后，他们就会列出一堆要么不要人、要么不招大学生的单位名单，甚至有的单位根本不存在。当求职者回过头要求退钱时，往往要么消失，要么以各种理由拒绝。

2.电话骗局

一般而言，毕业生在收到用人单位的回应后，会主动进行联系。有些人正是利用毕业生的这一心理，假借联系工作传呼或发送短信给毕业生，让毕业生给一些收费很高的信息台回电话，以骗取高额电话费。

3.合同骗局

“磨刀不误砍柴工”，毕业生在签订合同时一定要仔细阅读各项条款，必要时咨询学校和老师的意见。

4.试用骗局

毕业生上岗后一般都会有三个月到六个月的试用期。有些单位利用这一条款，要么在这期间少付工资，要么到期后蓄意辞退。

二、怎样防范求职陷阱

(1)根据自身情况合理择业，端正求职态度。

(2)耐心进行就业准备，戒贪心，戒焦躁。

(3)加强法律知识的学习。

(4)谨慎抉择，不要轻易缴费、签字。

(5)全面了解企业信息，仔细甄别虚假招聘信息。

(6)加强个人隐私的保护。

三、误入求职陷阱怎样维权

(1)如遇无证照或证照不全的非法职介，应及时向劳动部门或公安部门反映，劳动部门可以根据有关管理条例规定对其进行处罚，所收职介费可退还给本人。

(2)如遇职介发布虚假招工信息(广告)，信息中所列的待遇、报酬与实际情况严重不符合的，求职者应向劳动部门反映，请求查处；劳动部门可根据有关管理条例规定处罚职介，对职介所收的相关费用应予退还，求职者的损失，应按有关规定赔偿。

(3)用人单位以收取培训费、押金、保证金、担保金作为录用条件的，其行为违反了劳动法的相关规定。求职者可及时向劳动部门反映请求查处，要求退还所交费用。

(4)用人单位以招聘推销员为名，订立推销员不可能完成的任务，致使推销员不能获取报酬的，其行为系以欺诈手段建立劳动关系，同样违反了劳动法的有关规定；如果其行为触犯刑律，应由相关部门追究刑事责任。

(5)对于因职介机构责任造成求职者求职不能或职介收取一定职介费用后失踪的情况，如果是正规职介，可向劳动部门投诉；如是非法职介，则可向所在地公安部门报案，由公安部门查实。如其行为触犯刑律，应依法追究其刑事责任；未触犯刑律的，可移交相关劳动部门处罚。

第三节　传销魔窟

一、什么是传销

传销指组织者或者经营者发展人员，通过对被发展人员以其直接或者间接发展的人员数量或者销售业绩为依据计算和给付报酬，或者要求被发展人员以交纳一定费用为条件取得加入资格等方式取得利益。

二、传销的基本特征

(1)传销的商品价格远远背离其原本的价值，或者其宣传的商品根本没有使用价值和价值。传销人员通过花言巧语欺骗加盟者和消费者,提高自身的非法收入。从近几年的案例中不难发现,加入传销组织的人,即便别人甚至是亲人告知其是个骗局,那些被传销蛊惑的人仍然坚信传销可以赚大钱。

(2)参加人员所获得的收益并非来源于销售产品或服务等所得的合理利润,而是他人加入时所交纳的费用。这是一个恶性循环的怪圈,只有骗取更多的人入会,才能使其正常运行。传销不利于正常社会秩序的建立,违背当下社会主义社会的价值规范及社会基本准则。

三、传销的危害

1.扰乱正常的市场经济秩序

传销涉及地区广、人员多、资金大,有的还伴有非法集资、制售假冒伪劣商品、侵害消费者权益等违法行为,诱骗了大量社会人力资源,吸纳了大量社会资金,破坏了市场经济的健康和谐发展。

2.扰乱社会治安秩序,严重影响群众的正常生活秩序和生命财产安全

传销违法活动具有很强的继发性,由此会引发大量刑事案件以及扰乱社会治安秩序的案件。同时,因传销引起的夫妻反目、父子相向,甚至家破人亡的惨剧时有发生,给不少家庭造成巨大伤害,动摇社会稳定的基础。

3.危害国家安全和政治稳定

被骗参与传销者多为城市退休、下岗或无业人员、农民等,在校学生、少数民族群众等被骗参与传销的情况也日益突出。传销组织者对参与人员反复“洗脑”,进行精神控制,唆使参与人员阻挠、对抗执法部门,围攻甚至打伤工商、公安执法人员的事件时有发生,对抗性日益加剧,而且不断引发群体性事件。传销不但极大损害群众利益,还进一步激化社会矛盾,危害国家安全和社会和谐稳定。

四、防止传销的对策

如何有效地禁止传销，使大学生远离传销活动，这需要政府、社会、学校以及大学生自身的共同努力。

（1）政府加强管理，出台相关法律法规，正确引导转型。例如，1998 年 4 月 21 日，中国政府发布《关于禁止传销经营活动的通知》宣布全面禁止传销。同时加强法律监管，健全禁止传销方面的法律规章。

（2）整个社会一起努力抵制传销活动，维护好社会秩序。一个健康、文明、和谐、富强的社会主义社会，需要每个社会人的积极参与及有力宣传，营造民主、平等的社会氛围。

（3）学校要加强管理，开展传销危害的宣传活动。学校教育是一个人成长成才的关键，通过学校教育培养大学生正确的“三观”，坚定社会主义核心价值观，努力为社会主义和谐社会的构建做出自己的努力。

（4）大学生自身要明确传销的本质，发扬脚踏实地的优良品质。马克思主义哲学理论中谈到，内因是事物发展的根据。大学生要想取得被认可的社会地位，必须加强其自身能力，全面提高素质，坚信只有通过自身的刻苦努力取得的成功才是最真实的、最可靠的。

第四节　文体活动安全

文体活动是指所有的文娱和体育性质的活动，包括歌唱、书法、舞蹈等文娱活动和赛跑、游泳、骑车等体育运动。

文体活动是增强大学生身体素质、丰富大学生学习生活的重要环节。社会发展需要多方面的人才，发掘大学生潜力，塑造全方位的大学生。在发挥文体活动的各种效益时，要特别注意大学生在参加文体活动时的安全。

一、文体活动产生的安全危害的形式

(1)由于器械或工具使用不当造成安全威胁,如文娱活动中碰到桌角,骑车运动中摔倒受伤等。

(2)由于文体活动强度过大导致身体损伤,如在跑步中用力过猛导致肌肉拉伤等。

(3)由于意外导致安全威胁,如在游泳时突然抽筋导致溺水等。

(4)由于恶意竞争导致人员冲突,因此造成安全问题。

二、举办或参加文体活动时的注意事项

(1)活动场所:校园内部的风雨操场、田径运动场、球类活动场地、图书馆报告厅等是师生的文体活动场所,经批准可以举办各种文体娱乐活动。

(2)各类文体活动应由学校、有关部门和群众团体等组织举办,要保证活动内容健康,任何个人或校外机构不得在校内组织举办各类大型文体活动,禁止在校内举办任何形式的纯商业性文体活动。

(3)学校直接组织的全校性大型文体活动须经校党政领导同意,并成立由主管校领导牵头、有关部门负责人参加的组委会,具体负责组织协调和安全保卫工作。

(4)各部门和群众团体组织举办各类大型文体活动,须在活动举办的1周前,向相关部门进行申请报备,经相关部门审批同意后方可举办。根据“谁主管、谁负责”的原则,落实安全责任制。负责举办活动的单位或部门要制定安全保卫措施,落实工作人员,明确责任人,活动期间要接受保卫处对安全工作的检查和指导。主管领导应加强活动期间的安全管理和保障治安秩序的各项措施。参加活动的人员,必须遵守该场所的规章制度。

(5)活动完毕后,要清扫干净现场,如有器材或其他设施损

坏,应由主办单位按规定赔偿。

(6)参加文体活动的人员和观众,必须遵守下列规定:

①讲文明礼貌、讲道德,遵守公共秩序,遵守举办单位和活动场所的有关制度和规定,听从工作人员的疏导和管理。

②禁止故意拥挤起哄、吵闹等扰乱场内外秩序的行为。

③禁止在场内打架、斗殴和辱骂、殴打演出人员及工作人员。

④禁止携带易燃、易爆等危险物品入场。

⑤禁止伪造、倒卖入场券或使用假废票入场。

三、事故处置程序

本事故处置程序适用于大型文体活动举办场所,小型文体活动请参照具体的活动事项进行设计。

(1)现场处理组指挥有关人员立即到达规定岗位,采取相应的应对措施。

(2)安排教师开展相关的抢险排危或者实施救助工作。

(3)根据需要对师生员工进行疏散,并根据事件性质,报请学院应急管理工作委员会迅速依法采取紧急措施。

(4)应急工作组应当根据“生命第一”的原则组织,启动学生大型活动突发事件应急预案。

(5)应急状态期间,活动的各班级应当根据应急工作保障组的统一部署,做好本班级的活动事故应急处理工作。

(6)参与活动的任何集体和个人都应当服从应急工作保障组所作出的决定和命令。活动安全事件涉及的有关班主任积极做好对学生的安抚工作,涉及的其他教职员工也应当配合应急工作保障组做好学生的疏导工作。

(7)活动安全事故发生后,在进行事件调查和现场处理的同时,学校应当立即将突发事件所致的伤亡病人送往就近医院,对无法判断伤情的伤病员,应及时报警求救求援。

(8)治安保卫组应组织人员立即保护现场、采取疏散、隔离等措施,加强学生管理,并做好学生思想工作,确保学生心态和情绪稳定。

(9)大型安全事件发生后,学生大型活动突发事件应急指挥部根据需要,可以采取中止活动、疏散等措施,并及时向上级部门汇报事件情况以及采取应急措施。

(10)根据事件性质,应及时与涉及事件的学生家长、教师家属联系,在适当条件下,告知事件原因、处理结果,或者联系家长进行救治。

第五节 非法组织的危害

一、非法组织的定义

非法组织指的是一种组织形式,其基本含义是指介于自然人和法人之间的,未经法人登记的社会组织。这种社会组织,是为实现某种合法目的或以一定财产为基础并供某种目的之用而联合为一体的未按法人设立规则而设立的人的群体。

而本章所述的非法组织指的是从事非法活动的组织团体,这种团体符合上述非法组织的定义,但其行事目的则以损人利己为目标,是一种危害性极大的组织机构。这样的组织一般包括非法出售人体器官组织、卖淫组织、非法代孕组织、诈骗组织、邪教等,其中以邪教的危害性最大。

邪教是指冒用宗教、气功或者其他名义建立,神化首要分子,利用制造、散布歪理邪说等手段蛊惑、蒙骗他人,发展、控制成员,危害社会的非法组织。邪教大多以传播宗教教义、拯救人类为幌子,散布谣言,且通常有一个自称开悟的具有超自然力量的教主,以秘密结社的组织形式控制群众,一般以不择手段地敛取钱财为主要目的。由于邪教的传播性强、扩散范围广、受害者受害程度严重,已经成为非法组织危害中的危害性最大的组织形式。

二、非法组织的危害

非法组织通过暴力、欺骗、非法买卖等手段在获取暴利的同时,也在不断破坏社会的正常秩序,危害社会的正常运行。

(1)大部分危害性的非法组织会导致极严重的社会后果。据不完全统计,仅“法轮功”邪教组织策划、指挥的非法聚集事件就多达78起,至少600多人经过医生确认因“法轮功”邪教组织导致精神障碍。

(2)非法组织的存在会散播恐惧,造成社会恐慌。例如组织性的非法贩卖器官,就会造成社会间的不信任感,导致社会中人人自危;而在1995年,邪教“奥姆真理教”在东京制造的“沙林”毒气事件中,导致了5500多人中毒。

(3)非法金融组织以非法手段融资牟取暴利,破坏金融秩序,严重威胁国家经济安全。

(4)有的邪教组织勾结投靠敌对势力,严重损害国家利益。

三、抵制非法组织侵害

依法防范和打击危害性非法组织,是国家政府的职责,也是每一个社会公民的共同义务。由于大学生思想意识的不成熟性和可塑性,非法组织随时都可能危害到大学生的相关利益。为了抵制和打击危害性非法组织的侵害,大学生应该做到以下几点:

(1)努力学习,了解区分非法组织与危害性非法组织的不同。

(2)用科学的知识武装和充实头脑,认清楚诈骗组织、邪教组织的真面目,不上当,不入教。

(3)最好结伴出行,一个人出行需要多留意周围,警惕可能出现的威胁。

(4)发现危害性非法组织之后,在保证自身安全的情况下,积极向有关部门进行举报揭发。

(5)注意自己家人及周边朋友的变化,及时提醒其免受非法组织的侵害。

第十二章　应对自然灾害

第一节　应对雷电

据统计，现今全球平均每年因雷电灾害造成的死亡人数在3000人以上。雷电灾害目前已被联合国列为全球十大自然灾害之一。

一、什么是雷电

雷电是一种自然界的放电现象，发生时伴随有闪电和雷鸣。雷电一般产生于对流旺盛的雨云中，由于云层的摩擦，导致电荷累积，进而产生雷电。因此，雷电也常常伴随有强烈的阵风和暴雨。

雷电会带来强大的电流冲击，在经过物体时会产生高温及强大的冲击效应，并对周围产生强烈的电磁辐射，因此，雷电具有极强的瞬间破坏能力。人被雷电击中，则会在身体上出现雷击纹，并导致皮肤烧伤、表皮脱落、皮内出血等损伤，并对耳鼓膜和内脏造成损害冲击，严重者可导致心跳、呼吸停止，脑组织受损。

二、在哪些地方容易遭雷击

一般来说，雷击容易发生在土壤电阻率较小和土壤电阻率变化明显的地方。有金属矿床的地区、河床、地下水出口处、山坡与稻田接壤处、山坡和山脚下、河边、湖边、海边、低洼地区和地下水位高的地方，都是容易遭受雷击的地方。一些孤立的铁塔、烟囱等高大建(构)筑物，也容易遭受雷击。当雷雨来临时，由于树木比较高大，容易受雷电袭击。在雷雨天应远离大树，并尽可能下蹲，双脚并拢。

三、如何预防雷击事故

(1)恶劣天气预防雷击应注意以下几点：

①大风、雷雨等恶劣天气中，应尽量减少外出。如必须外出行走时，应仔细地观察地形、谨慎行路，以免踩到电线。应避免在电线杆、铁塔等电力设施附近走动，遇到垂落的电线也应绕行。

②外出行走时不要赤脚。

③在室内，如遇雷雨大风天气，应及时将正在运转的电器关闭，并拔出插头；不要赤手赤脚去修理带电的线路或设备；如果不慎浸水，应立即切断电源，以防止正在使用的电器因进水、绝缘损坏而发生事故。

④雨天在外行走时，要注意观察，不要与路灯杆、信号灯杆及落地广告牌的金属部分接触，有积水的地方应绕行。

⑤发现配电盘、厢式变电站等电力设施被水淹没后，在自己与其他人员不靠近的同时，要及时通知供电部门进行处理。

(2)被雷击后可以采取如下办法急救：

①伤者就地平卧，松解衣扣、腰带等。

②立即口对口呼吸和胸外心脏按压，坚持到病人苏醒为止。

③手导引或针刺人中、十宣、涌泉、命门等穴。

④送医院急救。

雷雨天不要在树下避雨；电源线不要超负荷；不要用湿手湿布擦带电灯头。

雷雨天如何防雷击？有些人认为，建筑物只要安装了避雷针和避雷带，建筑物内的人和设备便不会遭到雷击。

这种观点是错误的。首先，避雷针的避雷作用有一定保护范围，当建筑物超出避雷针保护范围时，便不受避雷针的保护。其次，避雷针的性能是否符合技术要求，如材料规格、接地阻值等，若因年久失修失去作用，不但起不到防雷效果，反而会增加雷击概率。再者,避雷针只能保护建筑物不受雷击,而不能保护建筑物内部的人和设备免遭雷击。避雷针只能将50%的雷电能量泄放入地,其余50%的能量会通过感应作用和能量耦合,通过各种管线和设备泄放入地。

四、遇到雷电天气应该注意哪些

(1)遇到雷鸣闪电应注意以下几点:

①遇有强雷鸣闪电时,应尽量待在室内不要冒险外出。不要使用设有外接天线的收音机和电视机,不要接打电话。

②如在室外,应立即寻找庇护所。通常以装有避雷针的、钢架的或钢盘混凝土建筑物,作为避雷场所。具有完整金属车厢的车辆也可以利用。

③没有掩蔽所时,千万不要靠近空旷地带或山顶上的孤树,这些地方最易受到雷击。不要待在开阔的水域和小船上;尽量避开高树林子的边缘,电线、旗杆的周围和干草堆、帐篷等无避雷设备的高大物体附近;不要靠近铁轨、长金属栏杆和其他庞大的金属物体,山顶、制高点等场所也不能停留。

④雷电期间,最好不要骑自行车和摩托车;不要携带金属物体露天行走;不要靠近避雷设备的任何部分。

⑤如找不到合适的避雷场所时,应尽量降低重心和减少人体与地面的接触面积,可蹲下,双脚并拢,手放膝上,身向前屈,千万不要躺在地上、壕沟或土坑里,如能披上雨衣,防雷效果就更好。在野外的人群,无论是运动的还是静止的,都应拉开几米的距离,不要挤在一起,也可躲在较大的山洞里。

⑥注意:如果头发竖起或皮肤发生颤动时,就预示着可能要发生雷击了,此时应立即倒在地上。受到雷击的人可能被烧伤或造成严重休克,但身上并不带电,可以安全救护。

⑦强雷鸣闪电时,一定不要使用手机!

(2)个人防雷要注意以下几点:

①应该留在室内，并关好门窗；在室外工作的人应躲入建筑物内。

②不宜使用无防雷措施或防雷措施不足的电视、音响等电器，不宜使用水龙头。

③切勿接触天线、水管、铁丝网、金属门窗、建筑物外墙，远离电线等带电设备或其他类似金属装置。

④不要使用电话和手提电话。

⑤切勿游泳或从事其他水上运动，不宜室外球类运动，离开水面以及其他空旷场地，寻找地方躲避。

⑥切勿站立于山顶、楼顶上或接近其他导电性高的物体。

⑦切勿处理开口容器盛载的易燃物品。

⑧在旷野无法躲入有防雷设施的建筑物内时，应远离树木和桅杆。

⑨在空旷场地不宜打伞，不宜肩扛较长的物件。

⑩不宜骑用摩托车和自行车。

第二节 应对暴雨、洪水、泥石流、滑坡

一、暴雨灾害

1.什么是暴雨灾害

暴雨是降水强度很大的雨。我国气象上规定，24 小时降水量为 50 毫米或以上的雨称为暴雨。按其降水强度大小又分为三个等级，即 24 小时降水量为 50~99.9 毫米称暴雨；100~250 毫米以下为大暴雨；250 毫米以上称特大暴雨。

暴雨灾害指的是一次短时的或连续的强降水过程，在地势低洼、地形闭塞的地区，雨水不能迅速宣泄造成农田积水和土壤水分过度饱和，给农业带来灾害；甚至于引起山洪暴发、江河泛滥、堤坝决口，给人民和国家造成重大经济损失。

暴雨的发生主要是受到大气环流和天气、气候系统的影响，是一种自然现象。但暴雨对社会的生产、生活是否造成灾害，取决于社会经济、人口、防灾抗灾能力等诸多因素，因而暴雨灾害的发生不仅有其自然的原因，而且有社会和人为因素的影响。

2.应对暴雨的措施

为了在暴雨来临时减少受到的伤害，在暴雨来临前应该做到：

(1)检查房屋是否牢固，如果是危旧房屋，或处于低洼地势的房屋，应及时撤出。

(2)及时疏通排水管道，保持排水顺畅。

(3)检查电路等基本设施安全情况，关闭电源总开关。

(4)若出门在外，则需要小心道路上的低凹处，防止跌入坑洞中。水深看不见底的地方不要去。在积水中行走要注意观察，如果发现路面有漩涡、突泉时要远远绕行。

(5)暴雨来临时不要到低洼处，要去地势较高且相对安全的地方躲避。

二、洪水灾害

1.洪水灾害的概念及产生因素

洪水是一种水文现象，是指超过江河、湖泊、水库、海洋等水场所的承纳能力，造成水量剧增或水位急涨的现象。

洪水的产生因素大致可分为暴雨洪灾、冰凌融雪洪灾、风暴潮灾害、海啸灾害、溃坝洪灾等5类。其中前四种的产生因素属于突然的水量激增，溃坝洪灾的产生因素属于容纳环境的破坏。

洪水按照形成后的表现形式，还分为溃决型、漫溢型、内涝型、蓄洪型、山地型、海岸型、城市型。

2.洪水灾害的危害性

在各种自然灾害中，洪水最常见且危害又最大。洪水出现频率高，波及范围广，来势凶猛，破坏性极大。洪水不但淹没房屋和人口，造成大量人员伤亡，而且还卷走人们居住地的一切物品，包括粮食,并淹没农田,毁坏农作物,导致粮食大幅度减产,从而造成饥荒。洪水还会破坏工厂、厂房,通信与交通设施,从而造成对国民经济部门的破坏。同时,洪水暴发之后还会滋生多种疾病细菌,对灾后建设造成极大的影响。

3.面对洪水的自救措施

(1)受到洪水威胁,如果时间充裕,应按照预定路线,有组织地向山坡、高地等处转移;在措手不及,已经受到洪水包围的情况下,要尽可能地利用船只、木排、门板、木床等,做水上转移。

(2)洪水来得太快,已经来不及转移时,要立即爬上屋顶、楼房高屋、大树、高墙,暂时避险,等待援救。不要单身游水转移。

(3)在山区,如果连降大雨,很容易暴发山洪。遇到这种情况,应该注意避免渡河,以防止被山洪冲走,还要注意防止山体滑坡、滚石、泥石流的伤害。

(4)发现高压线铁塔倾倒、电线低垂或断折时,要远离避险,不可触摸或接近,防止触电。

(5)在市区,可以扎制木排,或搜集木盆、木块等漂浮材料加工为救生设备以备急需;洪水到来时难以找到适合的饮用水,所以在洪水来之前可用木盆、水桶等盛水工具贮备干净的饮用水。

三、泥石流灾害

1.什么是泥石流

泥石流是山区常见的自然地质现象,是指在降水、溃坝或冰雪融化形成的地面流水作用下,在沟谷或山坡上产生的一种挟带大量泥沙、石块等固体物质的特殊洪流。

泥石流往往突然暴发,浑浊的流体沿着陡峻的山沟前推后拥、奔腾咆哮而下,地面为之震动,山谷犹如雷鸣,在很短时间内将大量泥沙石块冲出沟外,在宽阔的堆积区横冲直撞、漫流堆积,常常给人类生命财产造成很大危害。

2.泥石流的分类

泥石流按其物质成分可分成3类：

（1）由大量黏性土和粒径不等的砂粒、石块组成的叫泥石流。

（2）以黏性土为主，含少量砂粒、石块，黏度大，呈稠泥状的叫泥流。

（3）由水和大小不等的砂粒、石块组成的为水石流。

泥石流按其物质状态可分为2类：

（1）黏性泥石流，含水量黏性土的泥石流或泥流。其特征是：黏性大，固体物质占40%~60%，最高达80%。水不是搬运介质，而是组成物质。稠度大，石块呈悬浮状态，暴发突然，持续时间短，破坏力大。

（2）稀性泥石流，以水为主要成分，黏性土含量少，固体物质占10%~40%，有很大分散性。水为搬运介质，石块以滚动或跃移方式前进，具有强烈的下切作用。其堆积物在堆积区呈扇状散流，堆积后似“石海”。

以上分类是我国最常见的两种分类。除此之外还有多种分类方法。如按泥石流的成因分类有：冰川型泥石流，降雨型泥石流；按泥石流沟的形态分类有：沟谷型泥石流，山坡型泥石流；按泥石流流域大小分类有：大型泥石流，中型泥石流和小型泥石流；按泥石流发展阶段代发类有：发展期泥石流，旺盛期泥石流和衰退期泥石流等。

3.泥石流的特点

泥石流特点是沿沟“流动”，具有明显的直进性和非恒定性。它是在重力作用下，物质由高处向低处的一种运动形式。因此，流动的速度受地形坡度的制约，即地形坡度较缓时，泥石流的运动速度较慢；地形坡度较陡时，泥石流的运动速度较快。

当泥石流运动速度较快，并且当泥石流运移路径上有路桥、城镇、村庄分布时，常常由于人们猝不及防而造成巨大生命、财产损失。所以，泥石流与滑坡、崩塌一样是山区最为常见的突发性地质灾害。

泥石流的发生具有突然性,但事实上,泥石流的发生要经历一个孕育→发生→发展→休止的过程,只是时间上有的长、有的短。在孕育阶段,都或多或少、或显或隐地有一些前兆显示。如果能及时捕捉到这些前兆,就能为防灾、避灾赢得宝贵时间。

4.泥石流的识别

物源依据:泥石流的形成,必须有一定量的松散土、石参与。所以,沟谷两侧山体破碎、疏散物质数量较多,沟谷两边滑坡、垮塌现象明显,植被不发育,水土流失、坡面侵蚀作用强烈的沟谷,易发生泥石流。

地形地貌依据:能够汇集较大水量、保持较高水流速度的沟谷,才能容纳、搬运大量的土、石。沟谷上游三面环山、山坡陡峻,沟域平面形态呈漏斗状、勺状、树叶状,中游山谷狭窄、下游沟口地势开阔,沟谷上、下游高差大于300米,沟谷两侧斜坡坡度大于25度的地形条件,有利于泥石流形成。

水源依据:水为泥石流的形成提供了动力条件。局地暴雨多发区域,有溃坝危险的水库、塘坝下游,冰雪季节性消融区,具备在短时间内产生大量流水的条件,有利于泥石流的形成。其中,局地性暴雨多发区,泥石流发生频率最高。

如果一条沟在物源、地形、水源三个方面都有利于泥石流的形成,这条沟就是泥石流沟。但泥石流发生频率、规模大小、黏稠程度,会随着上述因素的变化而发生变化。已经发生过泥石流的沟谷,今后仍有发生泥石流的危险。

以上的判别是范围性的判别,当身处山区时,可以通过“看”和“听”来判断是否发生泥石流。

(1)看:指观察到河(沟)床中正常流水突然断流或洪水突然增大并且河水开始变浑浊,当有上述异常情况出现,可能意味着河(沟)上游泥石流将要发生或已经发生,应立即撤离。

(2)听:指深谷或沟内传来类似火车轰鸣声或闷雷声,哪怕极其弱也可认定泥石流正在形成。如果沟谷深处变得昏暗并伴有轰鸣声或轻微的振动声,也说明沟谷上游已发生泥石流。一旦遭遇大的降雨,要迅速转移到高处避险。不要在顺沟方向躲避,而要垂直于河流,往河沟两边的山坡上避险。

5.泥石流发生时如何自救

(1)沿山谷徒步时,一旦遭遇大雨,并察觉到泥石流的发生,应马上与泥石流成垂直方向向两边的山坡上爬,爬得越高越好,跑得越快越好,绝对不能往泥石流的下游走。

(2)注意观察周围环境,特别留意是否听到远处山谷传来打雷般声响,如听到要高度警惕,这很可能是泥石流将至的征兆。

(3)要选择平整的高地作为营地,尽可能避开有滚石和大量堆积物的山坡下面,不要在山谷和河沟底部扎营。

四、滑坡灾害

1.什么是滑坡

滑坡是指斜坡上的土体或者岩体,受河流冲刷、地下水活动、雨水浸泡、地震及人工切坡等因素影响,在重力作用下,沿着一定的软弱面或者软弱带,整体地或者分散地顺坡向下滑动的自然现象。运动的岩(土)体称为变位体或滑移体,未移动的下伏岩(土)体称为滑床。

2.滑坡发生的预兆

不同类型、不同性质、不同特点的滑坡,在滑动之前,均会表现出各种不同的异常现象,显示出滑动的预兆。

归纳起来常见的有以下几种:

(1)大滑动之前,在滑坡前缘坡脚处,有堵塞多年的泉水复活现象,或者出现泉水(水井)突然干枯、井(钻孔)水位突变等类似的异常现象。

(2)在滑坡体中、前部出现横向及纵向放射状裂缝。它反映了滑坡体向前推挤并受到阻碍,已进入临滑状态。

(3)大滑动之前,在滑坡体前缘坡脚处,土体出现上隆(凸起)现象。这是滑坡向前推挤的明显迹象。

(4)大滑动之前,有岩石开裂或被剪切挤压的声响,这种迹象反映了深部变形与破裂。动物对此十分敏感,有异常反应。

(5)临滑之前,滑坡体四周岩体(上体)会出现小型坍塌和松弛现象。

(6)如果在滑坡体上有长期位移观测资料,那么大滑动之前,无论是水平位移量还是垂直位移量,均会出现加速变化的趋势。这是明显的临滑迹象。

(7)滑坡后缘的裂缝急剧扩展,并从裂缝中冒出热气(或冷风)。

(8)动物惊恐异常,植物变态。如猪、狗、牛惊恐不宁、不入睡,老鼠乱窜不进洞,树木枯萎或歪斜等。

3.如何判断滑坡稳定性

在野外,从宏观角度观察滑坡体,可以根据一些外表迹象和特征,粗略地判断它的稳定性如何。

已稳定的堆积层老滑坡体有以下特征:

(1)后壁较高,长满了树木,找不到擦痕,且十分稳定。

(2)滑坡平台宽、大且已夷平,土体密实无沉陷现象。

(3)滑坡前缘的斜坡较缓,上体密实,长满树木,无松散坍塌现象。前缘迎河部分有被河水冲刷过的迹象。

(4)河水已远离滑坡舌部,甚至在舌部外已有漫滩、阶地分布。

(5)滑坡体两侧的自然冲刷沟切割很深,甚至已达基岩。

(6)滑坡体舌部的坡脚有泉水流出等。

不稳定的滑坡常具有下列迹象:

(1)滑坡体表面总体坡度较陡,而且延伸较长,坡面高、低不平。

(2)有滑坡平台,面积不大,且有向下缓倾和未夷平现象。

(3)滑坡表面有泉水、湿地,且有新生冲沟。

(4)滑坡体表面有不均匀沉陷的局部平台,参差不齐。

(5)滑坡前缘土石松散,小型坍塌时有发生,并面临河水冲刷的危险。

(6)滑坡体上无巨大直立树木。

需要指出,以上标志只是一般而论,若要作出较为准确的判断,还需进一步观察和研究。

4.遭遇滑坡如何自救

当遇到滑坡正在发生时,首先应镇静,不可惊慌失措。为了自救或救助他人,应该做到如下几点:

(1)要迅速环顾四周,向较为安全的地段撤离。一般除高速滑坡外,只要行动迅速,都有可能逃离危险区段。跑离时,以向两侧跑为最佳方向。在向下滑动的山坡中,向上或向下跑均是很危险的。当遇到无法跑离的高速滑坡时,更不能慌乱,在一定条件下,如滑坡呈整体滑动时,原地不动,或抱住大树等物,不失为一种有效的自救措施。在确保安全的情况下,离原居住处越近越好,交通、水、电越方便越好。同时要听从统一安排,不要自择路线。当无法继续逃离时,应迅速抱住身边的树木等固定物体。可躲避在结实的障碍物下,或蹲在地坎、地沟里。应注意保护好头部,可利用身边的衣物裹住头部。

(2)对于尚未滑动的滑坡危险区,一旦发现可疑的滑坡活动时,应立即报告邻近的村、乡、县等有关政府或单位,以便组织有关政府、单位、部队、专家及当地群众参加抢险救灾活动。

(3)滑坡时,极易造成人员受伤,当受伤时应呼救“120”。呼救时应说明灾害事件发生的时间、地点以及事件的性质,伤情、伤亡人数,急需哪方面的救援以及呼救人的姓名、单位、所用呼救电话号码。遭遇山体滑坡时,首先要沉着冷静,不要慌乱。然后采取必要措施迅速撤离到安全地点。避灾场地应选择在易滑坡两侧边界外围。

(4)滑坡停止后,不应立刻回到室内检查情况。因为滑坡会连续发生,贸然回到室内,从而遭到第二次滑坡的侵害。只有当滑坡已经过去,并且自家的房屋远离滑坡,确认完好安全后,方可进入。

第三节 应对地震

一、什么是地震

地震又称地动、地振动,是地壳快速释放能量过程中造成振动,期间产生地震波的一种自然现象。

地震一般发生在地壳之中。地壳内部在不停地变化,由此而产生力的作用,使地壳岩层变形、断裂、错动,于是便发生地震。

尽管人们目前还无法控制诸如地震这样的自然灾害不发生,但是完全可以在日常生活中掌握遭遇灾难时的自救方法,以便在危急时刻尽可能地减少伤亡事件的发生。

二、家庭避震方法

1.逃生方法

(1)冷静判断。地震发生时,至关重要的是要有清醒的头脑。只有镇静,才有可能运用平时学到的地震知识判断地震的大小和远近。

记住:近震常以上下颠簸开始,之后才左右摇摆。远震却少有上下颠簸感觉,而以左右摇摆为主。

(2)就近躲避。震时是跑还是躲?我国多数专家认为:震时就近躲避,震后迅速撤离到安全地方,是应急避震较好的办法。古人在《地震录》里曾记载:“卒然闻变,不可疾出,伏而待定,纵有覆巢,可冀完卵”。发生地震时,如没有条件迅速撤离到室外,则不要急着往外跑,而应抓紧求生时间寻找合适的避震场所。

(3)选择合适的避震空间。室内房屋倒塌后形成的三角空间,往往是人们得以幸存的相对安全地点,被称为避震空间。这主要是指大块倒塌体与支撑物构成的空间。

室内较安全的避震空间有:承重墙墙根、墙角、坚固家具附近、厨房、厕所、储藏室等开间小的地方,以及有水管和暖气管道等处。

屋内最不利避震的场所是:没有支撑物的床上;吊顶、吊灯下;周围无支撑的地板上;玻璃(包括镜子)和大窗户旁。

(4)做好自我保护。选择好躲避处后应蹲下或坐下,脸朝下,额头枕在两臂上;或抓住桌腿等身边牢固的物体,以免震时摔倒或因身体失控移位而受伤;保护头颈部,低头,用手护住头部或后颈;保护眼睛,低头、闭眼,以防异物伤害;保护口、鼻,有可能时,可用湿毛巾捂住口、鼻,以防灰土、毒气。

(5)摇晃时要立即关火,失火时则立即灭火。不能随便点明火,因为空气中可能有易燃易爆气体。

2.平时家庭防震的准备工作

(1)对大衣柜、餐具柜橱、电冰箱等做好固定,防止其倾倒。

(2)注意家具的摆放,确保安全的空间。不要将电视机、花瓶等放置在较高的地方。

(3)充分注意煤油取暖炉等用火器具及危险品的管理和保管。

(4)装修房子时绝对不可以拆掉承重墙。要加固水泥预制板墙,使其坚固不易倒塌。

(5)在已发布地震预报地区的居民须做好家庭防震准备。

(6)准备的紧急备用品包括:饮用水、食品、急救医药品、便携式收音机、手电筒、干电池、绳索、手纸等。紧急备用品应打包放在便于取到处。

(7)清理好杂物,让门口、楼道畅通;阳台护墙要清理,拿掉花盆、杂物;易燃易爆和有毒物品要放在安全的地方。

(8)进行家庭防震演练,包括紧急避险、紧急撤离与疏散练习。

三、公共场所避震

听从现场工作人员的指挥，不要慌乱，不要一起拥向楼梯、出口，要避免拥挤，避免被挤到墙壁或栅栏处。在影剧院、体育馆等处：注意避开吊灯、电扇等悬挂物。在商场、书店等处：应躲在近处的大柱子、内墙角，或朝着没有障碍的通道躲避，然后屈身蹲下，用手或其他东西护头；处于楼上位置的，原则上向底层转移为好。但楼梯往往是建筑物抗震的薄弱部位，因此，要看准脱险的合适时机；避开玻璃门窗、玻璃橱窗或柜台；避开高大不稳或摆放重物、易碎品的货架；避开广告牌、吊灯等高耸或悬挂物。

四、大楼内人员避震

1.震时保持冷静，震后走到户外

这是避震的国际通用守则，国内外许多起地震实例表明，在地震发生的短暂瞬间，人们在进入或离开建筑物时，被砸死砸伤的概率最大。

千万不可在慌乱中跳楼，这一点极为重要。

2.寻找安全空间躲避

最好找一个可形成三角空间的地方。蹲在暖气旁较安全，因为暖气的承载力较大，金属管道的网络性结构和弹性不易被撕裂，即使在地震大幅度晃动时也不易被甩出去；暖气管道通气性好，不容易造成人员窒息；管道内的存水还可延长存活期。更重要的一点是，被困人员可采用敲击暖气管道的方式向外界传递信息，而暖气靠外墙的位置有利于最快获得救助。

需要特别注意的是，当躲在卫生间这样的小开间时，尽量离炉具、煤气管道及易破碎的碗碟远些。若茶水间、卫生间处在建筑物的犄角里，且隔断墙为薄板墙时，就不要把它选择为最佳避震场所。

此外，不要钻进柜子里、桌子下，因为人一旦钻进去后便立刻丧失机动性，视野受阻，四肢被缚，不仅会错过逃生机会还不利于被救；躺卧的姿势也不好，人体的平面面积加大，被击中的概率要比站立大5倍，而且很难机动变位。

3.近水不近火

这是确保在都市震灾中获得他人及时救助的重要原则。不要靠近煤气灶、煤气管道和电器；不可躲在窗户下面；尽量靠近水源处。一旦被困，要设法与外界联系，除用手机联系外，可敲击管道和暖气片。

五、搭乘电梯时的避震

在搭乘电梯时遇到地震，将操作面板上各楼层的按钮全部按下，一旦停下，迅速离开电梯，确认安全后避难。高层大厦的电梯，一般都装有管制运行的装置。地震发生时，会自动地动作，停在最近的楼层。万一被关在电梯中的话，请通过电梯中的专用电话与管理室联系、求助。

六、震后自救

地震时如被埋压在废墟下，周围又是一片漆黑，只有极小的空间，此时一定不要惊慌，要沉着，树立生存的信心，相信会有人来施救，要千方百计保护自己。

要保持呼吸畅通，挪开头部、胸部的杂物，闻到煤气、毒气时，用湿衣服等物捂住口、鼻；避开身体上方不结实的倒塌物和其他容易引起掉落的物体；扩大和稳定生存空间，用砖块、木棍等支撑残垣断壁，以防余震发生后，环境进一步恶化。

尽量保存体力，用石块敲击能发出声响的物体，向外发出呼救信号，不要哭喊、急躁和盲目行动，这样会大量消耗精力和体力。

如果被埋在废墟下的时间比较长，救援人员未到，或者没有听到援救信号，就要想办法维持自己的生命，尽量寻找食品和饮用水，必要时自己的尿液也能起到解渴作用。

附录 1

中华人民共和国高等教育法

（1998 年 8 月 29 日第九届全国人民代表大会常务第委员会第四次会议通过，1998 年 8 月 29 日中华人民共和国主席令第 7 号公布，自 1999 年 1 月 1 日起施行）

第一章 总 则

第一条 为了发展高等教育事业，实施科教兴国战略，促进社会主义物质文明和精神文明建设，根据宪法和教育法，制定本法。

第二条 在中华人民共和国境内从事高等教育活动，适用本法。

本法所称高等教育，是指在完成高级中等教育基础上实施的教育。

第三条 国家坚持以马克思列宁主义、毛泽东思想、邓小平理论为指导，遵循宪法确定的基本原则，发展社会主义的高等教育事业。

第四条 高等教育必须贯彻国家的教育方针，为社会主义现代化建设服务，与生产劳动相结合，使受教育者成为德、智、体等方面全面发展的社会主义事业的建设者和接班人。

第五条 高等教育的任务是培养具有创新精神和实践能力的高级专门人才，发展科学技术文化，促进社会主义现代化建设。

第六条 国家根据经济建设和社会发展的需要，制定高等教育发展规划，举办高等学校，并采取多种形式积极发展高等教育事业。

国家鼓励企业事业组织、社会团体及其他社会组织和公民等社会力量依法举办高等学校，参与和支持高等教育事业的改革和发展。

第七条　国家按照社会主义现代化建设和发展社会主义市场经济的需要,根据不同类型、不同层次高等学校的实际,推进高等教育体制改革和高等教育教学改革,优化高等教育结构和资源配置,提高高等教育的质量和效益。

第八条　国家根据少数民族的特点和需要,帮助和支持少数民族地区发展高等教育事业,为少数民族培养高级专门人才。

第九条　公民依法享有接受高等教育的权利。

国家采取措施,帮助少数民族学生和经济困难的学生接受高等教育。

高等学校必须招收符合国家规定的录取标准的残疾学生入学,不得因其残疾拒绝招收。

第十条　国家依法保障高等学校中的科学研究、文学艺术创作和其他文化活动的自由。在高等学校中从事科学研究、文学艺术创作和其他文化活动,应当遵守法律。

第十一条　高等学校应当面向社会,依法自主办学,实行民主管理。

第十二条　国家鼓励高等学校之间、高等学校与科学研究机构以及企业事业组织之间开展协作,实行优势互补,提高教育资源的使用效益。

国家鼓励和支持高等教育事业的国际交流与合作。

第十三条　国务院统一领导和管理全国高等教育事业。省、自治区、直辖市人民政府统筹协调本行政区域内的高等教育事业,管理主要为地方培养人才和国务院授权管理的高等学校。

第十四条　国务院教育行政部门主管全国高等教育工作,管理由国务院确定的主要为全国培养人才的高等学校。国务院其他有关部门在国务院规定的职责范围内,负责有关的高等教育工作。

第二章　高等教育基本制度

第十五条　高等教育包括学历教育和非学历教育。

高等教育采用全日制和非全日制教育形式。

国家支持采用广播、电视、函授及其他远程教育方式实施高等教育。

第十六条　高等学历教育分为专科教育、本科教育和研究生教育。

高等学历教育应当符合下列学业标准：

（一）专科教育应当使学生掌握本专业必备的基础理论、专门知识，具有从事本专业实际工作的基本技能和初步能力；

（二）本科教育应当使学生比较系统地掌握本学科、专业必需的基础理论、基本知识，掌握本专业必要的基本技能、方法和相关知识，具有从事本专业实际工作和研究工作的初步能力；

（三）硕士研究生教育应当使学生掌握本学科坚实的基础理论、系统的专业知识，掌握相应的技能、方法和相关知识，具有从事本专业实际工作和科学研究工作的能力。博士研究生教育应当使学生掌握本学科坚实宽广的基础理论、系统深入的专业知识、相应的技能和方法，具有独立从事本学科创造性科学研究工作和实际工作的能力。

第十七条　专科教育的基本修业年限为二至三年，本科教育的基本修业年限为四至五年，硕士研究生教育的基本修业年限为二至三年，博士研究生教育的基本修业年限为三至四年。非全日制高等学历教育的修业年限应当适当延长。高等学校根据实际需要，报主管的教育行政部门批准，可以对本学校的修业年限作出调整。

第十八条　高等教育由高等学校和其他高等教育机构实施。

大学、独立设置的学院主要实施本科及本科以上教育。高等专科学校实施专科教育。经国务院教育行政部门批准，科学研究机构可以承担研究生教育的任务。

其他高等教育机构实施非学历高等教育。

第十九条　高级中等教育毕业或者具有同等学力的,经考试合格,由实施相应学历教育的高等学校录取,取得专科生或者本科生入学资格。

本科毕业或者具有同等学历的,经考试合格,由实施相应学历教育的高等学校或者经批准承担研究生教育任务的科学研究机构录取,取得硕士研究生入学资格。

硕士研究生毕业或者具有同等学力,经考试合格,由实施相应学历教育的高等学校或者经批准承担研究生教育任务的科学研究机构录取,取得博士研究生入学资格。

允许特定学科和专业的本科毕业生直接取得博士研究生入学资格,具体办法由国务院教育行政部门规定。

第二十条　接受高等学历教育的学生,由所在高等学校或者经批准承担研究生教育任务的科学研究机构根据其修业年限、学业成绩等,按照国家有关规定,发给相应的学历证书或者其他学业证书。

接受非学历高等教育的学生,由所在高等学校或者其他高等教育机构发给相应的结业证书。结业证书应当载明修业年限和学业内容。

第二十一条　国家实行高等教育自学考试制度,经考试合格的,发给相应的学历证书或者其他学业证书。

第二十二条　国家实行学位制度。学位分为学士、硕士和博士。

公民通过接受高等教育或者自学,其学业水平达到国家规定的学位标准,可以向学位授予单位申请授予相应的学位。

第二十三条　高等学校和其他高等教育机构应当根据社会需要和自身办学条件,承担实施继续教育的工作。

第三章 高等学校的设立

第二十四条 设立高等学校,应当符合国家高等教育发展规划,符合国家利益和社会公共利益,不得以营利为目的。

第二十五条 设立高等学校,应当具备教育法规定的基本条件。

大学或者独立设置的学院还应当具有较强的教学、科学研究力量,较高的教学、科学研究水平和相应规模,能够实施本科及本科以上教育。大学还必须设有三个以上国家规定的学科门类为主要学科。设立高等学校的具体标准由国务院制定。

设立其他高等教育机构的具体标准,由国务院授权的有关部门或者省、自治区、直辖市人民政府根据国务院规定的原则制定。

第二十六条 设立高等学校,应当根据其层次、类型、所设学科类别、规模、教学和科学研究水平,使用相应的名称。

第二十七条 申请设立高等学校的,应当向审批机关提交下列材料:

(一)申办报告;

(二)可行性论证材料;

(三)章程;

(四)审批机关依照本法规定要求提供的其他材料。

第二十八条 高等学校的章程应当规定以下事项:

(一)学校名称、校址;

(二)办学宗旨;

(三)办学规模;

(四)学科门类的设置;

(五)教育形式;

(六)内部管理体制;

(七)经费来源、财产和财务制度;

(八)举办者与学校之间的权利、义务;

（九）章程修改程序；

（十）其他必须由章程规定的事项。

第二十九条　设立高等学校由国务院教育行政部门审批，其中设立实施专科教育的高等学校，经国务院授权，也可以由省、自治区、直辖市人民政府审批。对不符合规定条件审批设立的高等学校和其他高等教育机构，国务院教育行政部门有权予以撤销。

审批高等学校的设立，应当聘请由专家组成的评议机构评议。

高等学校和其他高等教育机构分立、合并、终止，变更名称、类别和其他重要事项，由原审批机关审批；章程的修改，应当报原审批机关核准。

第四章　高等学校的组织和活动

第三十条　高等学校自批准设立之日起取得法人资格。高等学校的校长为高等学校的法定代表人。

高等学校在民事活动中依法享有民事权利，承担民事责任。

第三十一条　高等学校应当以培养人才为中心，开展教学、科学研究和社会服务，保证教育教学质量达到国家规定的标准。

第三十二条　高等学校根据社会需求、办学条件和国家核定的办学规模，制定招生方案，自主调节系科招生比例。

第三十三条　高等学校依法自主设置和调整学科、专业。

第三十四条　高等学校根据教学需要，自主制定教学计划、选编教材、组织实施教学活动。

第三十五条　高等学校根据自身条件，自主开展科学研究、技术开发和社会服务。

国家鼓励高等学校同企业事业组织、社会团体及其他社会组织在科学研究、技术开发和推广等方面进行多种形式的合作。

国家支持具备条件的高等学校成为国家科学研究基地。

第三十六条　高等学校按照国家有关规定，自主开展与境外高等学校之间的科学技术文化交流与合作。

第三十七条 高等学校根据实际需要和精简、效能的原则，自主确定教学、科学研究、行政职能部门等内部组织机构的设置和人员配备；按照国家有关规定，评聘教师和其他专业技术人员的职务，调整津贴及工资分配。

第三十八条 高等学校对举办者提供的财产、国家财政性资助、受捐赠财产依法自主管理和使用。高等学校不得将用于教学和科学研究活动的财产挪作它用。

第三十九条 国家举办的高等学校实行中国共产党高等学校基层委员会领导下的校长负责制。中国共产党高等学校基层委员会按照中国共产党章程和有关规定，统一领导学校工作，支持校长独立负责地行使职权，其领导职责主要是：执行中国共产党的路线、方针、政策，坚持社会主义办学方向，领导学校的思想政治工作和德育工作，讨论决定学校内部组织机构的设置和内部组织机构负责人的人选，讨论决定学校的改革、发展和基本管理制度等重大事项，保证以培养人才为中心的各项任务的完成。

社会力量举办的高等学校的内部管理体制按照国家有关社会力量办学的规定确定。

第四十条 高等学校的校长，由符合教育法规定的任职条件的公民担任。

高等学校的校长、副校长按照国家有关规定任免。

第四十一条 高等学校的校长全面负责本学校的教学、科学研究和其他行政管理工作，行使下列职权：

（一）拟订发展规划，制定具体规章制度和年度工作计划并组织实施；

（二）组织教学活动、科学研究和思想品德教育；

（三）拟订内部组织机构的设置方案，推荐副校长人选，任免内部组织机构的负责人；

（四）聘任与解聘教师以及内部其他工作人员，对学生进行学籍管理并实施奖励或者处分；

（五）拟订和执行年度经费预算方案，保护和管理校产，维护学校的合法权益；

（六）章程规定的其他职权。

高等学校和校长办公会议或者校务会议，处理前款规定的有关事项。

第四十二条　高等学校设立学术委员会，审议学科、专业的设置，教学、科学研究计划方案，评定教学、科学研究成果等有关学术事项。

第四十三条　高等学校通过以教师为主体的教职工代表大会等组织形式，依法保障教职工参与民主管理和监督，维护教职工合法权益。

第四十四条　高等学校的办学水平、教育质量，接受教育行政部门的监督和由其组织的评估。

第五章　高等学校教师和其他教育工作者

第四十五条　高等学校的教师及其他教育工作者享有法律规定的权利，履行法律规定的义务，忠诚于人民的教育事业。

第四十六条　高等学校实行教师资格制度。中国公民凡遵守宪法和法律，热爱教育事业，具有良好的思想品德，具备研究生或者大学本科毕业学历，有相应的教育教学能力，经认定合格，可以取得高等学校教师资格。不具备研究生或者大学本科毕业学历的公民，学有所长，通过国家教师资格考试，经认定合格，也可以取得高等学校教师资格。

第四十七条　高等学校实行教师职务制度。高等学校教师职务根据学校所承担的教学、科学研究等任务的需要设置，教师职务设助教、讲师、副教授、教授。

高等学校的教师取得前款规定的职务应当具备下列基本条件：

（一）取得高等学校教师资格；

（二）系统地掌握本学科的基础理论；

（三）具备相应职务的教育教学能力和科学研究能力；

（四）承担相应职务的课程和规定课时的教学任务。

教授、副教授除应当具备以上基本任职条件外，还应当对本学科具有系统而坚实的基础理论和比较丰富的教学、科学研究经验，教学成绩显著，论文或者著作达到较高水平或者有突出的教学、科学研究成果。

高等学校教师职务的具体任职条件由国务院规定。

第四十八条 高等学校实行教师聘任制。教师以评定具备任职条件的，由高等学校按照教师职务的职责、条件和任期聘任。

高等学校的教师的聘任，应当遵循双方平等自愿的原则，由高等学校校长与受聘教师签订聘任合同。

第四十九条 高等学校的管理人员，实行教育职员制度。高等学校的教学辅助人员及其他专业技术人员，实行专业技术职务聘任制度。

第五十条 国家保护高等学校教师及其他教育工作者的合法权益，采取措施改善高等学校教师及其他教育工作者的工作条件和生活条件。

第五十一条 高等学校应当为教师参加培训、开展科学研究和进行学术交流提供便利条件。

高等学校应当对教师、管理人员和教学辅助人员及其他专业技术人员的思想政治表现、职业道德、业务水平和工作实绩进行考核，考核结果作为聘任或者解聘、晋升、奖励或者处分的依据。

第五十二条 高等学校的教师、管理人员和教学辅助人员及其他专业技术人员，应当以教学和培养人才为中心做好本职工作。

第六章 高等学校的学生

第五十三条 高等学校的学生应当遵守法律、法规，遵守学生行为规范和学校的各项管理制度，尊敬师长，刻苦学习，增强体质，树立爱国主义、集体主义和社会主义思想,努力学习马克思列宁主义、毛泽东思想、邓小平理论,具有良好的思想品德,掌握较高的科学文化知识和专业技能。

高等学校学生的合法权益,受法律保护。

第五十四条　高等学校的学生应当按照国家规定缴纳学费。

家庭经济困难的学生,可以申请补助或者减免学费。

第五十五条　国家设立奖学金,并鼓励高等学校、企业事业组织、社会团体以及其他社会组织和个人按照国家有关规定设立各种形式的奖学金,对品学兼优的学生、国家规定的专业的学生以及到国家规定的地区工作的学生给予奖励。

国家设立高等学校学生勤工助学基金和贷学金,并鼓励高等学校、企业事业组织、社会团体以及其他社会组织和个人设立各种形式的助学金,对家庭经济困难的学生提供帮助。

获得贷学金及助学金的学生,应当履行相应的义务。

第五十六条　高等学校的学生在课余时间可以参加社会服务和勤工助学活动,但不得影响学业任务的完成。

高等学校应当对学生的社会服务和勤工助学活动给予鼓励和支持,并进行引导和管理。

第五十七条　高等学校的学生,可以在校内组织学生团体。学生团体在法律、法规规定的范围内活动,服从学校的领导和管理。

第五十八条　高等学校的学生思想品德合格,在规定的修业年限内学完规定的课程,成绩合格或者修满相应的学分,准予毕业。

第五十九条　高等学校应当为毕业生、结业生提供就业指导和服务。

国家鼓励高等学校毕业生到边远、艰苦地区工作。

第七章　高等教育投入和条件保障

第六十条　国家建立以财政拨款为主、其他多种渠道筹措高等教育经费为辅的体制，使高等教育事业的发展同经济、社会发展的水平相适应。

国务院和省、自治区、直辖市人民政府依照教育法第五十五条的规定，保证国家兴办的高等教育的经费逐步增长。

国家鼓励企业事业组织、社会团体及其他社会组织和个人向高等教育投入。

第六十一条 高等学校的举办者应当保证稳定的办学经费来源，不得抽回其投入的办学资金。

第六十二条 国务院教育行政部门会同国务院其他有关部门根据在校学生年人均教育成本，规定高等学校年经费开支标准和筹措的基本原则；省、自治区、直辖市人民政府教育行政部门会同有关部门制订本行政区域内高等学校年经费开支标准和筹措办法，作为举办者和高等学校筹措办学经费的基本依据。

第六十三条 国家对高等学校进口图书资料、教学科研设备以及校办产业实行优惠政策。高等学校所办产业或者转让知识产权以及其他科学技术成果获得的收益，用于高等学校办学。

第六十四条 高等学校收取的学费应当按照国家有关规定管理和使用，其他任何组织和个人不得挪用。

第六十五条 高等学校应当依法建立、健全财务管理制度，合理使用、严格管理教育经费，提高教育投资效益。

高等学校的财务活动应当依法接受监督。

第八章　附　　则

第六十六条 对高等教育活动中违反教育法规定的，依照教育法的有关规定给予处罚。

第六十七条 中国境外个人符合国家规定的条件并办理有关手续后，可以进入中国境内高等学校学习、研究、进行学术交流或者任教，其合法权益受国家保护。

第六十八条 本法所称高等学校是指大学、独立设置的学院和高等专科学校，其中包括高等职业学校和成人高等学校。

本法所称其他高等教育机构是指除高等学校和经批准承担研究生教育任务的科学研究机构以外的从事高等教育活动的组织。

本法有关高等学校的规定适用于其他高等教育机构和经批准承担研究生教育任务的科学研究机构，但是对高等学位专门适用的规定除外。

第六十九条　本法自 1999 年 1 月 1 日起施行。

附录2

普通高等学校学生安全教育及管理暂行规定

第一章　总　　则

第一条　为了加强高等学校管理,维护正常的教学和生活秩序,保障学生人身和财物的安全,促进身心健康发展,特制定本暂行规定。

第二条　高等学校学生安全教育及管理的主要任务是:宣传、贯彻国家有关安全管理工作的方针、政策、法律、法规,对学生实施安全教育及管理,妥善处理各类安全事故,引导学生健康成长。

第三条　高等学校学生安全教育及管理,要以预防为主,本着保护学生、教育先行、明确责任、教管结合、实事求是、妥善处理的原则,做好教育、管理和处理工作。

第四条　本暂行规定所称学生指在普通高等学校学习取得学籍的全日制学生,即按国家任务、用人单位委托培养、自费三种计划形式录取的学生。

第二章　安全教育

第五条　高等学校应将对学生进行安全教育作为一项经常性工作,列入学校工作的重要议事日程,加强领导。学校各部门和有关群众团体或组织要相互配合,积极开展安全教育,普及安全知识,增强学生的安全意识和法制观念,提高防范能力。

第六条　学生安全教育应根据不同专业及青年学生的特点,从学生入学到毕业,在各种教学活动和日常生活中,特别是节假日前适时进行,并善于利用发生的安全事故教育学生,防患于未然。学校应根据环境、季节及有关规律进行防盗、防火、防特、防病、防事故等方面的教育,并使之经常化、制度化。

第七条　高等学校对学生进行安全教育须注重心理疏导,加强思想政治工作,教育学生注意保持健康的心理状态,帮助学生克服因各种原因造成的心理障碍,把事故消除在萌芽状态。

第三章　安全管理

第八条　高等学校要做好学生日常安全管理工作,加强安全防范,建立和健全规章制度,严格管理。学校要把安全教育及管理工作纳入领导任期的责任目标,落实到年级班主任。学校应由一名校领导主要负责。

第九条　高等学校应确定学生安全教育及管理工作的主管部门,明确其职责,具体组织实施安全教育及其管理工作。各有关部门应分工协作,积极配合。

第十条　全体教职工要从关心学生、爱护学生出发,树立安全思想,努力做好本职工作和改善环境与条件,保护学生人身和财产安全。

第十一条　学生发生意外事故以及学生要求保护人身或财物安全等情况时,学校应迅速采取有效措施。

第十二条　学生必须严格遵守国家法律、法规和学校各项规章制度,注意自身的人身和财物安全,防止各种事故的发生。

第十三条　学生在日常教学及各项活动中,应遵守纪律和有关规定,听从指导,服从管理;在公共场所,要遵守社会公德,增强安全防范意识,提高自我保护能力。

第十四条　学生组织集体课外活动,须经学校同意,按学校规定进行。学校须认真进行安全审查,条件不具备时不得批准。

第十五条　学生应严格遵守宿舍管理的规定,自觉维护宿舍的安全与卫生,提高自我管理能力。

第十六条 发现刑事、治安案件或交通、灾害等事故，在场学生应保护现场，及时报告学校或公安部门并协助处理。在学校范围内的，学校应迅速采取措施，控制事态发展，减轻伤害和损失。

第四章 事故处理

第十七条 学生人身和财产发生一般伤害后，学校要及时调查处理，根据当事人或他人的过错，责令其赔偿损失，并给予批评教育或相应的行政、纪律处分。

在校园内，发生学生非正常死亡、重伤或被窃、失火等造成财产重大损失事故后，学校应迅速采取措施进行抢救、保护现场，同时加强思想政治工作，稳定情绪，恢复秩序，并协同地方有关部门妥善处理。

第十八条 学校对事故调查后认为涉及追究刑事责任的，要及时与公安部门联系，协助调查处理。

重大事故学校有关领导应亲自参与调查工作，并认真研究调查报告，及时处理。

第十九条 在安全管理或事故处理过程中，学校认为有必要需搜查学生住处，须报请公安部门依法进行。调查处理案件中要以事实为依据，不得逼供或诱供。

第二十条 重大事故发生后，学校应在一天内向所在省、直辖市、自治区有关主管部门报告，并及时通知学生家长。事故处理结束后一周内书面报告有关主管部门。

第二十一条 学生在教学、实习过程与日常生活中，因学校或有关单位责任发生死亡、重伤或残疾，由学校或有关单位承担责任，做好处理及善后工作。

在教学、实习过程与日常生活中，学生因不遵守纪律或不按要求活动而发生意外事故，学校不承担责任。

第二十二条 因忽视安全生产、管理不善；工作不负责任，违章指挥；玩忽职守，徇私舞弊等对学生造成严重的人身、财物损害的,由其所在单位或上级主管部门,视具体情况对有关责任人员分别给予责令检查、赔偿损失、行政处分,直至依法追究刑事责任。

第二十三条　学生未经批准擅自离校不归发生意外事故的,学校不承担责任。对擅自离校不归,学校不知去向的学生,学校应及时寻找并报告当地公安部门,及时通知学生家长。半月不归且未说明原因者,学校可张榜公布,按自动退学除名。

第二十四条　学生假期或办理离校手续后发生意外事故的,学校不承担责任。

第二十五条　在校内正常生活及由学校在校外组织的活动中,由于不能避免的原因或自然灾害而发生的事故,由学校视具体情况处理。

第二十六条　有条件的高等学校可为学生办理人身保险。

第二十七条　凡经学校指定的专业医院确诊为精神病、癫痫病患者的学生,应予退学,由其监护人负责领回。学生及其监护人不得无理纠缠,扰乱学校教学、生活秩序。

第二十八条　因事故伤残的学生,经治疗后病情稳定,学校认为生活能自理,能坚持在校学习,可留校继续学习;不能坚持在校学习者,应予退学,由学校按其实际学习年限发给肄业证书,并根据事故性质和伤残程度一次性给予适当经济补助。退学学生回其监护人所在地,当地民政等有关部门应协助做好接收、落户等工作,由当地劳动部门按照国家关于残疾人劳动就业有关规定安置。

第二十九条　学生因病死亡和责任不由学校承担的意外死亡,学校不承担丧葬费。如家庭确有困难者,学校可酌情予以一次性经济补助。

第三十条　因责任不在本人的意外死亡学生,由学校或有关单位参照国家关于事业单位职工死亡丧葬有关规定处理,负担丧葬费的全部,学校可一次性给予适当经济补助。

无论何种情况(事故)给予的经济补助,一般不超过国家规定的学生在校期间(以四年计)的平均奖学金数。

凡是事故责任由学校以外的其他单位、个人承担的,学校不再给予经济补助。

第三十一条 因保护国家财产和他人人身安全,见义勇为而致残或英勇牺牲的学生,学校应报请所在省、自治区、直辖市人民政府授予荣誉称号,并给予相应的待遇。

第三十二条 对事故处理不服或持有异议者,可向学校或学校上一级部门申诉,或者依法向人民法院提起民事诉讼。

第五章 附 则

第三十三条 普通高等学校研究生事故处理,参照本办法执行。

第三十四条 本暂行规定结合《普通高等学校学生管理规定》、《高等学校校园秩序管理若干规定》执行。

第三十五条 各省、自治区、直辖市教育行政部门和各高等学校可根据本暂行规定制定实施细则。

第三十六条 本暂行规定由国家教育部解释。

第三十七条 本暂行规定自发布之日起试行。

附录 3

普通高等学校学生管理规定

普通高等学校学生管理规定
(教育部 2005 年 3 月)

第一章　总　　则

第一条　为维护普通高等学校正常的教育教学秩序和生活秩序,保障学生身心健康,促进学生德、智、体、美全面发展,依据教育法、高等教育法以及其他有关法律、法规,制定本规定。

第二条　本规定适用于普通高等学校、承担研究生教育任务的科学研究机构(以下称高等学校或学校)对接受普通高等学历教育的研究生和本科、专科(高职)学生的管理。

第三条　高等学校要以培养人才为中心,按照国家教育方针,遵循教育规律,不断提高教育质量;要依法治校,从严管理,健全和完善管理制度,规范管理行为;要将管理与加强教育相结合,不断提高管理水平,努力培养社会主义合格建设者和可靠接班人。

第四条　高等学校学生应当努力学习马克思列宁主义、毛泽东思想、邓小平理论和"三个代表"重要思想,确立在中国共产党领导下走中国特色社会主义道路、实现中华民族伟大复兴的共同理想和坚定信念;应当树立爱国主义思想,具有团结统一、爱好和平、勤劳勇敢、自强不息的精神;应当遵守宪法、法律、法规,遵守公民道德规范,遵守《高等学校学生行为准则》,遵守学校管理制度,具有良好的道德品质和行为习惯;应当刻苦学习,勇于探索,积极实践,努力掌握现代科学文化知识和专业技能;应当积极锻炼身体,具有健康体魄。

第二章　学生的权利与义务

第五条　学生在校期间依法享有下列权利：

（一）参加学校教育教学计划安排的各项活动，使用学校提供的教育教学资源；

（二）参加社会服务、勤工助学，在校内组织、参加学生团体及文娱体育等活动；

（三）申请奖学金、助学金及助学贷款；

（四）在思想品德、学业成绩等方面获得公正评价，完成学校规定学业后获得相应的学历证书、学位证书；

（五）对学校给予的处分或者处理有异议，向学校、教育行政部门提出申诉；对学校、教职员工侵犯其人身权、财产权等合法权益，提出申诉或者依法提起诉讼；

（六）法律、法规规定的其他权利。

第六条　学生在校期间依法履行下列义务：

（一）遵守宪法、法律、法规；

（二）遵守学校管理制度；

（三）努力学习，完成规定学业；

（四）按规定缴纳学费及有关费用，履行获得贷学金及助学金的相应义务；

（五）遵守学生行为规范，尊敬师长，养成良好的思想品德和行为习惯；

（六）法律、法规规定的其他义务。

第三章　学 籍 管 理

第一节　入学与注册

第七条　按国家招生规定录取的新生，持录取通知书，按学校有关要求和规定的期限到校办理入学手续。因故不能按期入学者，应当向学校请假。未请假或者请假逾期者，除因不可抗力等正当事由以外，视为放弃入学资格。

第八条　新生入学后，学校在三个月内按照国家招生规定对其进行复查。复查合格者予以注册，取得学籍。复查不合格者，由学校区别情况，予以处理，直至取消入学资格。

凡属弄虚作假、徇私舞弊取得学籍者，一经查实，学校应当取消其学籍。情节恶劣的，应当请有关部门查究。

第九条　对患有疾病的新生，经学校指定的二级甲等以上医院(下同)诊断不宜在校学习的，可以保留入学资格一年。保留入学资格者不具有学籍。在保留入学资格期内经治疗康复，可以向学校申请入学，由学校指定医院诊断，符合体检要求，经学校复查合格后，重新办理入学手续。复查不合格或者逾期不办理入学手续者，取消入学资格。

第十条　每学期开学时，学生应当按学校规定办理注册手续。不能如期注册者，应当履行暂缓注册手续。未按学校规定缴纳学费或者其他不符合注册条件的不予注册。

家庭经济困难的学生可以申请贷款或者其他形式资助，办理有关手续后注册。

第二节　考核与成绩记载

第十一条　学生应当参加学校教育教学计划规定的课程和各种教育教学环节(以下统称课程)的考核，考核成绩记入成绩册，并归入本人档案。

第十二条　考核分为考试和考查两种。考核和成绩评定方式，以及考核不合格的课程是否重修或者补考，由学校规定。

第十三条　学生思想品德的考核、鉴定，要以《高等学校学生行为准则》为主要依据，采取个人小结，师生民主评议等形式进行。

学生体育课的成绩应当根据考勤、课内教学和课外锻炼活动的情况综合评定。

第十四条　学生学期或者学年所修课程或者应修学分数以及

升级、跳级、留级、降级、重修等要求,由学校规定。

第十五条 学生可以根据学校有关规定,申请辅修其他专业或者选修其他专业课程。

学生可以根据校际间协议跨校修读课程。在他校修读的课程成绩(学分)由本校审核后予以承认。

第十六条 学生严重违反考核纪律或者作弊的,该课程考核成绩记为无效,并由学校视其违纪或者作弊情节,给予批评教育和相应的纪律处分。给予警告、严重警告、记过及留校察看处分的,经教育表现较好,在毕业前对该课程可以给予补考或者重修机会。

第十七条 学生不能按时参加教育教学计划规定的活动,应当事先请假并获得批准。未经批准而缺席者,根据学校有关规定给予批评教育,情节严重的给予纪律处分。

第三节 转专业与转学

第十八条 学生可以按学校的规定申请转专业。学生转专业由所在学校批准。

学校根据社会对人才需求情况的发展变化,经学生同意,必要时可以适当调整学生所学专业。

第十九条 学生一般应当在被录取学校完成学业。如患病或者确有特殊困难,无法继续在本校学习的,可以申请转学。

第二十条 学生有下列情形之一,不得转学:

(一)入学未满一学期的;

(二)由招生时所在地的下一批次录取学校转入上一批次学校、由低学历层次转为高学历层次的;

(三)招生时确定为定向、委托培养的;

(四)应予退学的;

(五)其他无正当理由的。

第二十一条 学生转学,经两校同意,由转出学校报所在地省级教育行政部门确认转学理由正当,可以办理转学手续;跨省转学者由转出地省级教育行政部门商转入地省级教育行政部门,按转学条件确认后办理转学手续。须转户口的由转入地省级教育行政部门将有关文件抄送转入校所在地公安部门。

第四节　休学与复学

第二十二条　学生可以分阶段完成学业。学生在校最长年限(含休学)由学校规定。

第二十三条　学生申请休学或者学校认为应当休学者,由学校批准,可以休学。休学次数和期限由学校规定。

第二十四条　学生应征参加中国人民解放军(含中国人民武装警察部队),学校应当保留其学籍至退役后一年。

第二十五条　休学学生应当办理休学手续离校,学校保留其学籍。学生休学期间,不享受在校学习学生待遇。休学学生患病,其医疗费按学校规定处理。

第二十六条　学生休学期满,应当于学期开学前向学校提出复学申请,经学校复查合格,方可复学。

第五节　退　　学

第二十七条　学生有下列情形之一,应予退学:

(一)学业成绩未达到学校要求或者在学校规定年限内(含休学)未完成学业的;

(二)休学期满,在学校规定期限内未提出复学申请或者申请复学经复查不合格的;

(三)经学校指定医院诊断,患有疾病或者意外伤残无法继续在校学习的;

(四)未请假离校连续两周未参加学校规定的教学活动的;

(五)超过学校规定期限未注册而又无正当事由的;

(六)本人申请退学的。

第二十八条　对学生的退学处理,由校长会议研究决定。

对退学的学生,由学校出具退学决定书并送交本人,同时报学校所在地省级教育行政部门备案。

第二十九条　退学的本专科学生，按学校规定期限办理退学手续离校，档案、户口退回其家庭户籍所在地。

退学的研究生，按已有毕业学历和就业政策可以就业的，由学校报所在地省级毕业生就业部门办理相关手续；在学校规定期限内没有聘用单位的，档案、户口退回其家庭户籍所在地。

第三十条　学生对退学处理有异议的，参照本规定第六十一条、第六十二条、第六十三条、第六十四条办理。

第六节　毕业、结业与肄业

第三十一条　学生在学校规定年限内，修完教育教学计划规定内容，德、智、体达到毕业要求，准予毕业，由学校发给毕业证书。

第三十二条　学生在学校规定年限内，修完教育教学计划规定内容，未达到毕业要求，准予结业，由学校发给结业证书。结业后是否可以补考、重修或者补作毕业设计、论文、答辩，以及是否颁发毕业证书，由学校规定。对合格后颁发的毕业证书，毕业时间按发证日期填写。

第三十三条　符合学位授予条件者，学位授予单位应当颁发学位证书。

第三十四条　学满一学年以上退学的学生，学校应当颁发肄业证书。

第三十五条　学校应当严格按照招生时确定的办学类型和学习形式，填写、颁发学历证书、学位证书。

第三十六条　学校应当执行高等教育学历证书电子注册管理制度，每年将颁发的毕（结）业证书信息报所在地省级教育行政部门注册，并由省级教育行政部门报国务院教育行政部门备案。

第三十七条　对完成本专业学业同时辅修其他专业并达到该专业辅修要求者，由学校发给辅修专业证书。

第三十八条　对违反国家招生规定入学者，学校不得发给学历证书、学位证书；已发的学历证书、学位证书，学校应当予以追回并报教育行政部门宣布证书无效。

第三十九条　毕业、结业、肄业证书和学位证书遗失或者损坏，经本人申请，学校核实后应当出具相应的证明书。证明书与原证书具有同等效力。

第四章　校园秩序与课外活动

第四十条　学校应当维护校园正常秩序，保障学生的正常学习和生活。

第四十一条　学校应当建立和完善学生参与民主管理的组织形式，支持和保障学生依法参与学校民主管理。

第四十二条　学生应当自觉遵守公民道德规范，自觉遵守学校管理制度，创造和维护文明、整洁、优美、安全的学习和生活环境。

学生不得有酗酒、打架斗殴、赌博、吸毒，传播、复制、贩卖非法书刊和音像制品等违反治安管理规定的行为；不得参与非法传销和进行邪教、封建迷信活动；不得从事或者参与有损大学生形象、有损社会公德的活动。

第四十三条　任何组织和个人不得在学校进行宗教活动；

第四十四条　学生可以在校内组织、参加学生团体。学生成立团体，应当按学校有关规定提出书面申请，报学校批准。

学生团体应当在宪法、法律、法规和学校管理制度范围内活动，接受学校的领导和管理。

第四十五条　学校提倡并支持学生及学生团体开展有益于身心健康的学术、科技、艺术、文娱、体育等活动。

学生进行课外活动不得影响学校正常的教育教学秩序和生活秩序。

第四十六条　学校应当鼓励、支持和指导学生参加社会实践、社会服务和开展勤工助学活动，并根据实际情况给予必要帮助。

学生参加勤工助学活动应当遵守法律、法规以及学校、用工单位的管理制度，履行勤工助学活动的有关协议。

第四十七条 学生举行大型集会、游行、示威等活动,应当按法律程序和有关规定获得批准。对未获批准的,学校应当依法劝阻或者制止。

第四十八条 学生使用计算机网络,应当遵循国家和学校关于网络使用的有关规定,不得登录非法网站、传播有害信息。

第四十九条 学校应当建立健全学生住宿管理制度。学生应当遵守学校关于学生住宿管理的规定。

第五章 奖励与处分

第五十条 学校、省(自治区、直辖市)和国家有关部门应当对在德、智、体、美等方面全面发展或者在思想品德、学业成绩、科技创造、锻炼身体及社会服务等方面表现突出的学生,给予表彰和奖励。

第五十一条 对学生的表彰和奖励可以采取授予"三好学生"称号或者其他荣誉称号、颁发奖学金等多种形式,给予相应的精神鼓励或者物质奖励。

第五十二条 对有违法、违规、违纪行为的学生,学校应当给予批评教育或者纪律处分。

学校给予学生的纪律处分,应当与学生违法、违规、违纪行为的性质和过错的严重程度相适应。

第五十三条 处分的种类分为:

(一)警告;

(二)严重警告;

(三)记过;

(四)留校察看;

(五)开除学籍。

第五十四条 学生有下列情形之一,学校可以给予开除学籍处分:

(一)违反宪法,反对四项基本原则、破坏安定团结、扰乱社会秩序的；

（二）触犯国家法律，构成刑事犯罪的；

（三）违反治安管理规定受到处罚，性质恶劣的；

（四）由他人代替考试、替他人参加考试、组织作弊、使用通讯设备作弊及其他作弊行为严重的；

（五）剽窃、抄袭他人研究成果，情节严重的；

（六）违反学校规定，严重影响学校教育教学秩序、生活秩序以及公共场所管理秩序，侵害其他个人、组织合法权益，造成严重后果的；

（七）屡次违反学校规定受到纪律处分，经教育不改的。

第五十五条　学校对学生的处分，应当做到程序正当、证据充分、依据明确、定性准确、处分适当。

第五十六条　学校在对学生做出处分决定之前，应当听取学生或者其代理人的陈述和申辩。

第五十七条　学校对学生做出开除学籍处分决定，应当由校长会议研究决定。

第五十八条　学校对学生做出处分，应当出具处分决定书，送交本人。开除学籍的处分决定书报学校所在地省级教育行政部门备案。

第五十九条　学校对学生做出的处分决定书应当包括处分和处分事实、理由及依据，并告知学生可以提出申诉及申诉的期限。

第六十条　学校应当成立学生申诉处理委员会，受理学生对取消入学资格、退学处理或者违规、违纪处分的申诉。

学生申诉处理委员会应当由学校负责人、职能部门负责人、教师代表、学生代表组成。

第六十一条　学生对处分决定有异议的，在接到学校处分决定书之日起5个工作日内，可以向学校学生申诉处理委员会提出书面申诉。

第六十二条　学生申诉处理委员会对学生提出的申诉进行复

查,并在接到书面申诉之日起15个工作日内,做出复查结论并告知申诉人。需要改变原处分决定的,由学生申诉处理委员会提交学校重新研究决定。

第六十三条 学生对复查决定有异议的,在接到学校复查决定书之日起15个工作日内,可以向学校所在地省级教育行政部门提出书面申诉。

省级教育行政部门在接到学生书面申诉之日起30个工作日内,应当对申诉人的问题给予处理并答复。

第六十四条 从处分决定或者复查决定送交之日起,学生在申诉期内未提出申诉的,学校或者省级教育行政部门不再受理其提出的申诉。

第六十五条 被开除学籍的学生,由学校发给学习证明。学生按学校规定期限离校,档案、户口退回其家庭户籍所在地。

第六十六条 对学生的奖励、处分材料,学校应当真实完整地归入学校文书档案和本人档案。

第六章 附 则

第六十七条 对接受成人高等学历教育的学生、港澳台侨学生、留学生的管理参照本规定实施。

第六十八条 高等学校应当根据本规定制定或修改学校的学生管理规定,报主管教育行政部门备案(中央部委属校同时抄报所在地省级教育行政部门),并及时向学生公布。

省级教育行政部门根据本规定,指导、检查和督促本地区高等学校实施学生管理。

第六十九条 本规定自2005年9月1日起施行。原国家教育委员会发布的《普通高等学校学生管理规定》(国家教育委员会令第7号)、《研究生学籍管理规定》(教学[1995]4号)同时废止。其他有关文件规定与本规定不一致的,以本规定为准。

附录:高等学校学生行为准则

一、志存高远,坚定信念。努力学习马克思列宁主义、毛泽东思想、邓小平理论和“三个代表”重要思想,面向世界,了解国情,确立在中国共产党领导下走社会主义道路、实现中华民族伟大复兴的共同理想和坚定信念,努力成为有理想、有道德、有文化、有纪律的社会主义新人。

二、热爱祖国,服务人民。弘扬民族精神,维护国家利益和民族团结。不参与违反四项基本原则、影响国家统一和社会稳定的活动。培养同人民群众的深厚感情,正确处理国家、集体和个人三者利益关系,增强社会责任感,甘愿为祖国为人民奉献。

三、勤奋学习,自强不息。追求真理,崇尚科学;刻苦钻研,严谨求实;积极实践,勇于创新;珍惜时间,学业有成。

四、遵纪守法,弘扬正气。遵守宪法、法律法规,遵守校纪校规;正确行使权利,依法履行义务;敬廉崇洁,公道正派;敢于并善于同各种违法违纪行为作斗争。

五、诚实守信,严于律己。履约践诺,知行统一;遵从学术规范,恪守学术道德,不作弊,不剽窃;自尊自爱,自省自律;文明使用互联网;自觉抵制黄、赌、毒等不良诱惑。

六、明礼修身,团结友爱。弘扬传统美德,遵守社会公德,男女交往文明;关心集体,爱护公物,热心公益;尊敬师长,友爱同学,团结合作;仪表整洁,待人礼貌;豁达宽容,积极向上。

七、勤俭节约,艰苦奋斗。热爱劳动,珍惜他人和社会劳动成果;生活俭朴,杜绝浪费;不追求超越自身和家庭实际的物质享受。

八、强健体魄,热爱生活。积极参加文体活动,提高身体素质,保持心理健康;磨砺意志,不怕挫折,提高适应能力;增强安全意识,防止意外事故;关爱自然,爱护环境,珍惜资源。

附录 4

学生伤害事故处理办法

第一章 总 则

第一条 为积极预防、妥善处理在校学生伤害事故,保护学生、学校的合法权益,根据《中华人民共和国教育法》、《中华人民共和国未成年人保护法》和其他相关法律、行政法规及有关规定,制定本办法。

第二条 在学校实施的教育教学活动或者学校组织的校外活动中,以及在学校负有管理责任的校舍、场地、其他教育教学设施、生活设施内发生的,造成在校学生人身损害后果的事故的处理,适用本办法。

第三条 学生伤害事故应当遵循依法、客观公正、合理适当的原则,及时、妥善地处理。

第四条 学校的举办者应当提供符合安全标准的校舍、场地、其他教育教学设施和生活设施。教育行政部门应当加强学校安全工作,指导学校落实预防学生伤害事故的措施,指导、协助学校妥善处理学生伤害事故,维护学校正常的教育教学秩序。

第五条 学校应当对在校学生进行必要的安全教育和自护自救教育;应当按照规定,建立健全安全制度,采取相应的管理措施,预防和消除教育教学环境中存在的安全隐患;当发生伤害事故时,应当及时采取措施救助受伤害学生。学校对学生进行安全教育、管理和保护,应当针对学生年龄、认知能力和法律行为能力的不同,采用相应的内容和预防措施。

第六条 学生应当遵守学校的规章制度和纪律;在不同的受教育阶段,应当根据自身的年龄、认知能力和法律行为能力,避免和消除相应的危险。

第七条 未成年学生的父母或者其他监护人(以下称为监护人)应当依法履行监护职责,配合学校对学生进行安全教育、管理和保护工作。学校对未成年学生不承担监护职责,但法律有规定的或者学校依法接受委托承担相应监护职责的情形除外。

第二章 事故与责任

第八条 学生伤害事故的责任,应当根据相关当事人的行为与损害后果之间的因果关系依法确定。因学校、学生或者其他相关当事人的过错造成的学生伤害事故,相关当事人应当根据其行为过错程度的比例及其与损害后果之间的因果关系承担相应的责任。当事人的行为是损害后果发生的主要原因,应当承担主要责任;当事人的行为是损害后果发生的非主要原因,承担相应的责任。

第九条 因下列情形之一造成的学生伤害事故,学校应当依法承担相应的责任:(一)学校的校舍、场地、其他公共设施,以及学校提供给学生使用的学具、教育教学和生活设施、设备不符合国家规定的标准,或者有明显不安全因素的;(二)学校的安全保卫、消防、设施设备管理等安全管理制度有明显疏漏,或者管理混乱,存在重大安全隐患,而未及时采取措施的;(三)学校向学生提供的药品、食品、饮用水等不符合国家或者行业的有关标准、要求的;(四)学校组织学生参加教育教学活动或者校外活动,未对学生进行相应的安全教育,并未在可预见的范围内采取必要的安全措施的;(五)学校知道教师或者其他工作人员患有不适宜担任教育教学工作的疾病,但未采取必要措施的;(六)学校违反有关规定,组织或者安排未成年学生从事不宜未成年人参加的劳动、体育运动或者其他活动的;(七)学生有特异体质或者特定疾病,不宜参加某种教育教学活动,学校知道或者应当知道,但未予以必要的注意的;(八)学生在校期间突发疾病或者受到伤害,学校发现,但未根据实际情况及时采取相应措施,导致不良后果加重的;(九)学校教师或者其他工作人员体罚或者变相体罚学生,或者在履行职责过程中违反工作要求、操作规程、职业道德或者其他有关规定的;(十)学校教师或者其他工作人员在负有组织、管理未成年学生的职责期间,发现学生行为具有危险性,但未进行必要的管理、告诫或者制止的;(十一)对未成年学生擅自离校等与学生人身安全直接相关的信息,学校发现或者知道,但未及时告知未成年学生的监护人,导致未成年学生因脱离监护人的保护而发生伤害的;(十二)学校有未依法履行职责的其他情形的。

第十条 学生或者未成年学生监护人由于过错,有下列情形之一,造成学生伤害事故,应当依法承担相应的责任:(一)学生违反法律法规的规定,违反社会公共行为准则、学校的规章制度或者纪律,实施按其年龄和认知能力应当知道具有危险或者可能危及他人的行为的;(二)学生行为具有危险性,学校、教师已经告诫、纠正,但学生不听劝阻、拒不改正的;(三)学生或者其监护人知道学生有特异体质,或者患有特定疾病;但未告知学校的;(四)未成年学生的身体状况、行为、情绪等有异常情况,监护人知道或者已被学校告知,但未履行相应监护职责的;(五)学生或者未成年学生监护人有其他过错的。

第十一条 学校安排学生参加活动,因提供场地、设备、交通工具、食品及其他消费与服务的经营者,或者学校以外的活动组织者的过错造成的学生伤害事故,有过错的当事人应当依法承担相应的责任。

第十二条 因下列情形之一造成的学生伤害事故,学校已履行了相应职责,行为并无不当的,无法律责任:(一)地震、雷击、台风、洪水等不可抗的自然因素造成的;(二)来自学校外部的突发性、偶发性侵害造成的;(三)学生有特异体质、特定疾病或者异常心理状态,学校不知道或者难于知道的;(四)学生自杀、自伤的;(五)在对抗性或者具有风险性的体育竞赛活动中发生意外伤害的;(六)其他意外因素造成的。

第十三条　下列情形下发生的造成学生人身损害后果的事故,学校行为并无不当的,不承担事故责任;事故责任应当按有关法律法规或者其他有关规定认定:(一)在学生自行上学、放学、返校、离校途中发生的;(二)在学生自行外出或者擅自离校期间发生的;(三)在放学后、节假日或者假期等学校工作时间以外,学生自行滞留学校或者自行到校发生的;(四)其他在学校管理职责范围外发生的。

第十四条　因学校教师或者其他工作人员与其职务无关的个人行为,或者因学生、教师及其他个人故意实施的违法犯罪行为,造成学生人身损害的,由致害人依法承担相应的责任。

第三章　事故处理程序

第十五条　发生学生伤害事故,学校应当及时救助受伤害学生,并应当及时告知未成年学生的监护人;有条件的,应当采取紧急救援等方式救助。

第十六条　发生学生伤害事故,情形严重的,学校应当及时向主管教育行政部门及有关部门报告;属于重大伤亡事故的,教育行政部门应当按照有关规定及时向同级人民政府和上一级教育行政部门报告。

第十七条　学校的主管教育行政部门应学校要求或者认为必要,可以指导、协助学校进行事故的处理工作,尽快恢复学校正常的教育教学秩序。

第十八条　发生学生伤害事故,学校与受伤害学生或者学生家长可以通过协商方式解决;双方自愿,可以书面请求主管教育行政部门进行调解。成年学生或者未成年学生的监护人也可以依法直接提起诉讼。

第十九条　教育行政部门收到调解申请,认为必要的,可以指定专门人员进行调解,并应当在受理申请之日起 60 日内完成调解。

第二十条 经教育行政部门调解，双方就事故处理达成一致意见的，应当在调解人员的见证下签订调解协议，结束调解；在调解期限内，双方不能达成一致意见，或者调解过程中一方提起诉讼，人民法院已经受理的，应当终止调解。调解结束或者终止，教育行政部门应当书面通知当事人。

第二十一条 对经调解达成的协议，一方当事人不履行或者反悔的，双方可以依法提起诉讼。

第二十二条 事故处理结束，学校应当将事故处理结果书面报告主管的教育行政部门；重大伤亡事故的处理结果，学校主管的教育行政部门应当向同级人民政府和上一级教育行政部门报告。

第四章 事故损害的赔偿

第二十三条 对发生学生伤害事故负有责任的组织或者个人，应当按照法律法规的有关规定，承担相应的损害赔偿责任。

第二十四条 学生伤害事故赔偿的范围与标准，按照有关行政法规、地方性法规或者最高人民法院司法解释中的有关规定确定。教育行政部门进行调解时，认为学校有责任的，可以依照有关法律法规及国家有关规定，提出相应的调解方案。

第二十五条 对受伤害学生的伤残程度存在争议的，可以委托当地具有相应鉴定资格的医院或者有关机构，依据国家规定的人体伤残标准进行鉴定。

第二十六条 学校对学生伤害事故负有责任的，根据责任大小，适当予以经济赔偿，但不承担解决户口、住房、就业等与救助受伤害学生、赔偿相应经济损失无直接关系的其他事项。学校无责任的，如果有条件，可以根据实际情况，本着自愿和可能的原则，对受伤害学生给予适当的帮助。

第二十七条 因学校教师或者其他工作人员在履行职务中的故意或者重大过失造成的学生伤害事故，学校予以赔偿后，可以向有关责任人员追偿。

第二十八条　未成年学生对学生伤害事故负有责任的，由其监护人依法承担相应的赔偿责任。学生的行为侵害学校教师及其他工作人员以及其他组织、个人的合法权益，造成损失的，成年学生或者未成年学生的监护人应当依法予以赔偿。

第二十九条　根据双方达成的协议、经调解形成的协议或者人民法院的生效判决，应当由学校负担的赔偿金，学校应当负责筹措；学校无力完全筹措的，由学校的主管部门或者举办者协助筹措。

第三十条　县级以上人民政府教育行政部门或者学校举办者有条件的，可以通过设立学生伤害赔偿准备金等多种形式，依法筹措伤害赔偿金。

第三十一条　学校有条件的，应当依据保险法的有关规定，参加学校责任保险。教育行政部门可以根据实际情况，鼓励中小学参加学校责任保险。提倡学生自愿参加意外伤害保险。在尊重学生意愿的前提下，学校可以为学生参加意外伤害保险创造便利条件，但不得从中收取任何费用。

第五章　事故责任者的处理

第三十二条　发生学生伤害事故，学校负有责任且情节严重的，教育行政部门应当根据有关规定，对学校的直接负责的主管人员和其他直接责任人员，分别给予相应的行政处分；有关责任人的行为触犯刑律的，应当移送司法机关依法追究刑事责任。

第三十三条　学校管理混乱，存在重大安全隐患的，主管的教育行政部门或者其他有关部门应当责令其限期整顿；对情节严重或者拒不改正的，应当依据法律法规的有关规定，给予相应的行政处罚。

第三十四条　教育行政部门未履行相应职责，对学生伤害事故的发生负有责任的，由有关部门对直接负责的主管人员和其他直接责任人员分别给予相应的行政处分;有关责任人的行为触犯刑律的,应当移送司法机关依法追究刑事责任。

第三十五条 违反学校纪律,对造成学生伤害事故负有责任的学生,学校可以给予相应的处分;触犯刑律的,由司法机关依法追究刑事责任。

第三十六条 受伤害学生的监护人、亲属或者其他有关人员,在事故处理过程中无理取闹,扰乱学校正常教育教学秩序,或者侵犯学校、学校教师或者其他工作人员的合法权益的,学校应当报告公安机关依法处理;造成损失的,可以依法要求赔偿。

第六章 附 则

第三十七条 本办法所称学校,是指国家或者社会力量举办的全日制的中小学(含特殊教育学校)、各类中等职业学校、高等学校。本办法所称学生是指在上述学校中全日制就读的受教育者。

第三十八条 幼儿园发生的幼儿伤害事故,应当根据幼儿为完全无行为能力人的特点,参照本办法处理。

第三十九条 其他教育机构发生的学生伤害事故,参照本办法处理。在学校注册的其他受教育者在学校管理范围内发生的伤害事故,参照本办法处理。

第四十条 本办法自 2002 年 9 月 1 日起实施,原国家教委、教育部颁布的与学生人身安全事故处理有关的规定,与本办法不符的,以本办法为准。在本办法实施之前已处理完毕的学生伤害事故不再重新处理。

附录 5

高等学校校园秩序管理若干规定

国家教育委员会令第 13 号
(1990 年 9 月 18 日发布)

第一条 为了优化育人环境,加强高等学校校园管理,维护教学、科研、生活秩序和安定团结的局面,建立有利于培养社会主义现代化建设专门人才的校园秩序,制定本规定。

第二条 本规定所称的高等学校(以下简称“学校”)是指全日制普通高等学校和成人高等学校。

本规定所称的师生员工是指学校的教师(包括外籍教师)、学生(包括外国在华留学生)、教育教学辅助人员、管理人员和工勤人员。

第三条 学校的师生员工以及其他到学校活动的人员都应当遵守本规定,维护宪法确立的根本制度和国家利益,维护学校的教学、科研秩序和生活秩序。

学校应当加强校园管理,采取措施,及时有效地预防和制止校园内的违反法律、法规、校规的活动。

第四条 学校应当尊重和维护师生员工的人身权利、政治权利、教育和受教育的权利以及法律规定的其他权利,不得限制、剥夺师生员工的权利。

第五条 进入学校的人员,必须持有本校的学生证、工作证、听课证或者学校颁发的其他进入学校的证章、证件。

未持有前款规定的证章、证件的国内人员进入学校,应当向门卫登记后进入学校。

第六条 国内新闻记者进入学校采访,必须持有记者证和采访介绍信,在通知学校有关机构后,方可进入学校采访。

外国新闻记者和港澳台新闻记者进入学校采访,必须持有学校所在省、自治区、直辖市人民政府外事机关或港澳台办的介绍信和记者证,并在进校采访前与学校外事机构联系,经许可后方可进入学校采访。

第七条 外国人、港澳台人员进入学校进行公务、业务活动,应当经过省、自治区、直辖市或者国务院有关部门同意并告知学校后,或按学术交流计划经学校主管领导研究同意后,方可进入学校。自行要求进入学校的外国人、港澳台人员,应当在学校外事机构或港澳台办批准后,方可进入学校。接受师生员工个人邀请进入学校探亲访友的外国人、港澳台人员,应当履行门卫登记手续后进入学校。

第八条 依照本规定第五条、第六条、第七条的规定进入学校的人员,应当遵守法律、法规、规章和学校的制度,不得从事与其身份不符的活动,不得危害校园治安。

对违反本规定第五条、第六条、第七条和本条前款规定的人员,师生员工有权向学校保卫机构报告,学校保卫机构可以要求其说明情况或者责令其离开学校。

第九条 学生一般不得在学生宿舍留宿校外人员,遇有特殊情况留宿校外人员,应当报请学校有关机构许可,并且进行留宿登记,留宿人离校应注销登记。不得在学生宿舍内留宿异性。

违反前款规定的,学校保卫机构可以责令留宿人离开学生宿舍。

第十条 告示、通知、启事、广告等,应当张贴在学校指定或者许可的地点。散发宣传品、印刷品应当经过学校有关机构同意。对于张贴、散发反对我国宪法确立的根本制度、损害由家利益或者侮辱诽谤他人的公开张贴物、宣传品和印刷品的当事者,由司法机关依法追究其法律责任。

第十一条　在校园设置临时或者永久建筑物以及安装音响、广播、电视设施，设置者、安装者应当报请学校有关机构审批，未经批准不得擅自设置、安装。

师生员工或者有关团体、组织使用学校的广播、电视设施，必须报请学校有关机构批准，禁止任何组织或者个人擅自使用学校广播、电视设施。

违反第一款、第二款、第三款规定的，学校有关机构可以劝其停止设置、安装或者停止活动，已经设置、安装的，学校有关机构可以拆除，或者责令设置者、安装者拆除。

第十二条　在校内举行集会、讲演等公共活动，组织者必须在七十二小时前向学校有关机构提出申请，申请中应当说明活动的目的、人数、时间、地点和负责人的姓名。学校有关机构应当最迟在举行时间的四小时前将许可或者不许可的决定通知组织者。逾期未通知的，视为许可。

集会、讲演等应符合我国的教育方针和相应的法规、规章，不得反对我国宪法确立的根本制度，不得干扰学校的教学、科研和生活秩序，不得损害国家财产和其他公民的权利。

第十三条　在校内组织讲座、报告等室内活动，组织者应当在七十二小时前向学校有关机构提出申请，申请中应当说明活动的内容、报告人和负责人的姓名。学校有关机构应当最迟在举行时间的四小时前将许可或者不许可的决定通知组织者。逾期未通知的，视为许可。

讲座、报告等不得反对我国宪法确立的根本制度，不得违反我国的教育方针，不得宣传封建迷信，不得进行宗教活动，不得干扰学校的教学、科研和生活秩序。

第十四条　师生员工应当严格按照学校的安排进行教学、科研、生活和其他活动，任何人都不得破坏学校的教学、科研和生活秩序，不得阻止他人根据学校的安排进行教学、科研、生活和其他活动。

禁止师生员工赌博、酗酒、打架斗殴以及其他干扰学校的教学、科研和生活秩序的行为。

第十五条 师生员工组织社会团体,应当按照《社会团体登记管理条例》的规定办理。成立校内非社会团体的组织,应当在成立前由其组织者报请学校有关机构批准,未经批准不得成立和开展活动。

校内非社会团体的组织和校内报刊必须遵守法律、法规、规章,贯彻我国的教育方针和遵守学校的制度,接受学校的管理,不得进行超出其宗旨的活动。

第十六条 违反本规定第十二条、第十三条、第十四条和第十五条的规定的,学校有关机构可以责令其组织者以及其他当事人立即停止活动。违反本规定第十二条第二款的规定,损害国家财产的,学校有关机构可以责令其赔偿损失。

第十七条 禁止无照人员在校园内经商。设在校园内的商业网点必须在指定地点经营。违反前款规定的,学校有关机构可以责令其停止经商活动或者离开校园。

第十八条 对违反本规定,经过劝告、制止仍不改正的师生员工,学校可视情节给予行政处分或者纪律处分;属于违反治安管理行为的,由公安机关依法处理;情节严重构成犯罪的,由司法机关处理。

师生员工对学校的处分不服的,可以向有关教育行政部门提出申诉,教育行政部门应当在接到申诉的三十日内做出处理决定。

对违反本规定,经劝告、制止仍不改正的校外人员,由公安、司法机关根据情节依法处理。

第十九条 各高等学校可以根据本规定制定具体管理制度。

第二十条 本规定自发布之日起施行。

参考文献

[1] 宇文宏.大学生安全知识必读[M].石家庄:河北大学出版社,2002.

[2] 吕灵昌,宋刚,王增国.大学生安全必读[M].北京:中国矿业大学出版社,2004.

[3] 宋志伟,燕国瑞.大学生安全教育[M].北京:清华大学出版社,2007.

[4] 李晋东.大学生安全教育读本[M].西安:陕西师范大学出版社,2007.

[5] 张剑虹.大学生安全教育读本[M].重庆:西南师范大学出版社,2008.

[6] 吴超.大学生安全文化[M].北京:机械工业出版社,2007.

[7] 黄士力.大学生安全教育案例评析[M].宁波:宁波出版社,2007.

[8] 张韶彦.犯罪学教科书[M].北京:北京法律出版社,2007.

[9] 李凡路.大学生安全教育[M].北京:国防大学出版社,2015.

[10] 徐凯.大学生安全教育[M].西安:西安电子科技大学出版社,2014.

[11] 李四军.大学生安全观教育[M].西安:陕西师范大学出版社,2013.

[12] 方言.大学生安全教育[M].北京:电子工业出版社,2012.

[13] 曹广龙.大学生安全教育[M].南京:江苏大学出版社,2010.

[14] 苏文渤,蒋海波.大学生安全教育知识[M].北京:中央广播电视大学出版社,2011.

[15] 吕灵昌,宋刚,王增国.大学生安全必读[M].北京:中国矿业

大学出版社,2004.

[16] 王长江,姚丹,陈欣.大学生安全观教育[M].北京:北京邮电大学出版社,2011.

[17] 刘谊,彭骥,刘露.高校新生安全观教育探讨[J].科技信息,2011(24).

[18] 查晶,杨俊峰.当前维护高校稳定工作概况研究[J].北京教育(德育),2008(01).

[19] 程诗敏.基于思想政治教育的大学生安全观教育探析[J].学校党建与思想教育,2012(07).

[20] 邱有华.大学生责任教育探析[J].学校党建与思想教育,2011(25).

[21] 张鹏超.关于深化高校“平安校园”机制建设的思考[J].宁波工程学院学报,2009.

[22] 王红云.加强校园安全教育与管理,共同创建平安校园[J].当代教育论坛.2008.

[23] 李沛涵,晏超.传承大学之道,建设平安校园[J].成都电子机械高等专科学校学报,2009.

[24] 孙亚峰.浅谈大学生安全观教育的必要性及措施[J].吉林建筑工程学院学报,2012.

[25] 李楠,程根银.正视大学生安全教育[J].中国安全科学报,2005(10).

[26] 席嘉.关于大学生安全观教育的思考[J].中国高教研究,1994(05).

[27] 裴劲松.着力构建大学生安全观教育立体新格局[J].中国高等教育,2009(13).

[28] 苏延立.加强当代大学生安全观教育的有效途径[J].煤炭高等教育,2012(02).

[29] 安力.关于高校开设大学生安全观教育课程的思考[J].企业家天地,2011(05).

[30] 陈明乐.大学生安全教育的价值思考与路径选择[J].经济研究导刊,2011(24).

[31] 陈霖.关于大学生安全教育选修课建设的思考[J].科教文汇,2011(09).

[32] 唐国俊.加强大学生公共安全观教育维护公共安全[J].湖南环境生物职业技术学院学报,2011(04).

[33] 薛力猛.大学生安全意识现状与对策研究[J].黑龙江科技信息,2011(24).

[34] 孟国忠.大学生安全教育质量保障体系的构建[J].学校党建与思想教育,2012(06).

[35] 施红斌,王廷玥.江苏某高校学生安全意识与安全技能调查报告[J].临沧师范高等专科学校学报,2011(03).

[36] 丁金祥.浅谈加强大学生安全教育及其机制建设[J].黎明职业大学学报,2011(04).

[37] 马凤宝.浅析高校安全观教育的现状和对策[J].高校后勤研究,2007(01).

[38] 董振寿.高校建设平安校园的对策思考[J].集美大学学报,2008(11).

[39] 邓国林,朱蓉蓉.试论高校安全文化建设[J].江苏高教,2008(02).

[40] 武金陵.推进“平安校园”建设,营造良好育人环境[J].重庆科技学院学报,2011.

[41] 刘勇.如何做好高校安全教育[J].科技资讯,2008(06).

[42] 付宏东.大学生安全教育模式探微——“金字塔”模型建构[J].高等函授学报(哲学社会科学版),2010(05).

[43] 贾新华.金融危机背景下大学生就业工作的创新[J].中国成人教育,2010(05).

[44] 蒋洪池,朱慧.美国大学校园安全管理特色透视——基于密苏里大学堪萨斯分校的实证分析[J].煤炭高等教育,2010

(01).

[45] 双内青.大学生弱势群体心理健康探析[J].科教文汇(上旬刊),2010(01).

[46] 胡如朝.论大学生安全教育体系的构建[J].湖南科技学院学报,2010(01).

[47] 张大林.高校大学生安全教育探析[J].现代经济信息,2009(22).

[48] 肖跃华,张峰.大学生安全教育的实践与探索[J].乐山师范学院学报,2009(11).

[49] 吴蕾蕾.高校和谐学生社区管理探索——基于温州医学院的实证考察[J]. 社科纵横(新理论版),2009(04).

[50] 张克勤.守护生命:日本中小学的安全教育[J].外国中小学教育,2009(06).

[51] 刘伟辉.高校安全教育存在的问题及其对策[J].企业导报,2009(03).

[52] 付宏东.大学生安全教育模式探微——“金字塔”模型建构[J].高等函授学报(哲学社会科学版),2010(05).

[53] 贾新华.金融危机背景下大学生就业工作的创新[J].中国成人教育,2010(05).

[54] 蒋洪池,朱慧.美国大学校园安全管理特色透视——基于密苏里大学堪萨斯分校的实证分析[J].煤炭高等教育,2010(01).

[55] 双内青.大学生弱势群体心理健康探析[J].科教文汇(上旬刊),2010(01).

[56] 胡如朝.论大学生安全教育体系的构建[J].湖南科技学院学报,2010(01).

[57] 张大林.高校大学生安全教育探析[J].现代经济信息,2009(22).

[58] 肖跃华,张峰.大学生安全教育的实践与探索[J].乐山师范

学院学报,2009(11).
[59] 吴蕾蕾.高校和谐学生社区管理探索——基于温州医学院的实证考察[J]. 社科纵横(新理论版),2009(04).
[60] 张克勤.守护生命:日本中小学的安全教育[J].外国中小学教育,2009(06).
[61] 刘伟辉.高校安全教育存在的问题及其对策[J].企业导报,2009(03).